我们内心的冲突

［美］卡伦·霍妮——著
辛怡——译

中国商业出版社

图书在版编目（CIP）数据

我们内心的冲突／（美）卡伦·霍妮著；辛怡译.
—北京：中国商业出版社，2017.8
ISBN 978-7-5208-0036-5

Ⅰ.①我… Ⅱ.①卡… ②辛… Ⅲ.①精神分析—研究 Ⅳ.①B84-065

中国版本图书馆CIP数据核字（2017）第223696号

责任编辑：武文胜

中国商业出版社出版发行
010-63180647　www.c-cbook.com
（100053　北京广安门内报国寺1号）
新华书店经销
三河市华润印刷有限公司
★ ★ ★ ★ ★
880×1230毫米　1/32　9印张　142千字
2018年3月第1版　2018年3月第1次印刷
定价：39.80元
★ ★ ★ ★
（如有印刷质量问题可更换）

目录

前言 / 001

导论 / 005

第一部分　神经症冲突和尝试解决

第一章　剧烈的神经症冲突 / 002

第二章　基本冲突 / 014

第三章　靠近他人 / 031

第四章　抵触他人 / 048

第五章　回避他人 / 060

第六章　理想化形象 / 087

第七章　外化作用 / 109

第八章　假和谐和辅助方式 / 129

第二部分　未化解的冲突的后果

第九章　害怕／142

第十章　人格枯竭／156

第十一章　绝望／187

第十二章　施虐倾向／201

结论　神经症冲突的解决／233

前言

这本书包含了我对病人和自己分析思考后的很多结论，我希望以此书促进精神分析的发展。本书中的多数理论都是在漫长的时间中渐渐形成的。不少观点都是在准备美国精神分析学会邀请我参加的一系列讲座中渐渐清楚条理的。《精神分析的技巧》是我第一场讲座的题目，主要探讨精神分析方面的技术问题。《人格整合》是第二场讲座的题目，这场讲座是在1944年进行的，其主要内容包含了本书中提到的一些问题，同时也包含了在专科医学院和精神分析推进学会上讨论过的一些问题，像"精神分析治疗方法中的人格整合""孤独人格""虐待狂趋向的意义"等。

我知道，一些精神分析师的确希望改进我们的理论和分析办法，我希望这本书能够启发他们，希望他们能将本书中提到的一些观点应用到他们自己和患者身上。我们只有采取强制性的方式，把自己纳入研究中，不断解决遇到的困难，从中获得经验，并以这些经验为基础不断研究探讨，才能促进精神分析的发展。如果我们满足现状，停滞不前，那我们的理论必然会僵化，失去现实价值。

但是，我坚信只要一本书不是纯粹探讨技术问题或者抽象心理学理论，它就能使那些想要认识自己并不断前进的人受益匪浅。生活在嘈杂环境中的很多人都会有这本书中描述的内心冲突，他们需要这些能够帮助到他们的东西。虽说只有专家才具备治愈严重神经症的能力，但我相信只要我们坚持努力，一定能有效地改善我们的内心冲突。

在这里，我首先要感谢我的患者们，是和他们共同工作的过程让我对神经症有了更加清楚的认知。其次，如果没有同事们的兴趣爱好和工作激情的支持，我或许无法坚持我的工作，所以在这里我也要向他们表示真诚的感谢。当然，这里不仅指那些阅历比我丰富的同事，还有那些正在接受我们的研究所培训的青年同事，他们的反对意见和议论都启发鼓励了我。

此外，我还要感谢三个不属于精神分析领域的人，他们用特别的方式帮助我，使我的工作不断推进。他们分别是埃尔文·约翰逊博士，克拉拉·梅耶主任和诺顿先生。如果没有埃尔文·约翰逊博士的帮助，我就不会有机会在新社会研究院发表我的观点，毕竟当时只有弗洛伊德的经典精神分析得到了众人的认可并在实践中应用。克拉拉·梅耶是新社会研究院哲学和人文科学系的主任，这些年来，他高度重视我的工作，时常告诉我要和他们分享讨论工作中的新概念、新理论，在此，我要特别感谢他。诺顿先生是本书的出版人，在我修改本书时，他给出了很多宝贵的意见，使我受益良多。最后，我要对米纳特·库恩表示诚挚的感谢，是她帮我组织了这本书的材料，才能让我的观点更加清楚地表达出来。

卡伦·霍妮

导论

在研究神经症的过程中，无论我们的根据是什么，无论我们采取了哪些高难度的办法，最终都会发现，导致神经症的根源在于人格的杂乱和贫乏。当然，这并不是什么创新之举，其他心理学也都发现了这一点。各个时代的诗人和哲学家都明白，精神疾病患者内心一般都饱受煎熬，而那些内心安静、头脑冷静的人一般不会出现精神疾病。现代研究认为，无论神经症表现为什么症状，都属于性格神经症。因此，我们在研究理论和分析实践时，都应当将注意力放在神经症的性格结构上。

实际上，弗洛伊德开创性的理论观点对此就有涉及，并且已经十分接近，只是没有具体清楚地表达出来。之后，很多人都传承发展了弗洛伊德的研究，如弗朗茨·亚历山大、奥托·兰克、威廉·赖希、哈洛德·舒尔茨-汉克等,只是他们在研究性格结构的确切本质和产生原因上出现了分歧,得到了差异较大的结论。

  我和这些研究的基础相差甚远。在我看来,神经症和文化之间存在密切的关系,这一观点是我研究了弗洛伊德女性心理学假设后得出的结论。一般而言,我们认为男性代表着英武,女性代表着娇柔,这种观念就是在文化背景下形成的。我认为弗洛伊德得出的结论之所以有偏差,就是因为他忽略了文化因素。最近十五年,我对这一课题的研究兴趣越来越浓厚,此外,我还发现不仅女性心理学受到了社会因素的影响,其他方面受到的影响也很严重,这一认知受到了我之前的同事埃里希·弗洛姆的启发,他对于心理学和社会学都有很深的研究。1932年,我初到美国,发现这里的人对于人的气质和神经症等的认知和我生活的欧洲国家有很大差异,除了文化因素,我找不到其他导致这一现象的原因,这也进一步证明了我的想法。之后,我在《我们时代的神经症人格》一书中表达了这一看法——文化因素是神经症的重要原因,具体而言,引发神经症的原因在于人际交往的杂乱和贫乏。

什么是神经症的内驱力呢？我一直研究这一问题，在发表《我们时代的神经症人格》之前的几年中，我不断研究这一问题。弗洛伊德是第一个给出答案的人，他认为形成这种力量的是强迫性内驱力。在他看来，人们渴望满足欲望，难以容忍挫折的心理都是这种内驱力，是人类的本性，也就是说它们不仅会影响神经症患者，也会影响所有人。然而，这一设想如果正确，那么引发神经症的必然不是人际交往的杂乱。因此，我对这个问题的看法可以简单概括如下：强迫性内驱力是神经症患者独有的；这种内驱力是患者在面对生活中的孤独、失落、担心、仇视等感觉时的一种处理方式；它们并不在乎欲望是否得到了满足，因为对它们来说安全感才是最重要的；引发强迫性的根源在于潜藏着的焦躁感。在《我们时代的神经症人格》一书中，我具体清楚地描写了人们对情感和权力这两种驱动力的超常需要。

虽然我完全认同弗洛伊德学说中的基本理论，但是我却和他的研究方向完全相反，因为我想得到更完美的解释。假如弗洛伊德认为的本能是由文化决定的，他所说的"力比多"只是人们对感情的非正常需要，是由人们在与他人交往的过程中过分渴求安全感引起的焦虑导致的，那么"力比多理论"就无法成立。当然,这并不是说我们可以忽略幼年时的经历,只是弗洛伊德的理论无法解释它对我们生活产生的影响,因此,很多其他的理论出现了。这也是我发表《精神分析新方向》的原因之一,我想将我和弗洛伊德理论之间的区别清楚地展现出来。

在这段时间中,我从未放弃过探索神经症的内驱力。我意识到了神经症的性格结构具有特殊的价值。因此,在之后的写作中,我具体描述了十种神经症倾向,也就是强迫性内驱力。那时,在我看来这一机构是一种由无数个微观世界彼此作用产生的宏观世界,每一个微观世界的中心都是某种神经症倾向。这一神经症理论具有特别的实践意义,一旦我们遇到麻烦,只要不利用神经分析将这些麻烦和以前的经历联系在一起,而探究现有人格中种种因素彼此作用的影响,那么,我们就可以在专家只给予一点帮助或者完全不给予帮助的情况下,认知自我并改变自我,这一点很容易。现在,人们渴求获得精神分析疗法的帮助,但结果却是我们得到的帮助微乎其微,所以为了满足我们的欲望,我们只能进行自我分析。而那本书中的大部分内容都是在探讨自我分析,包括它有多大的可能性、多大的局限性,如何进行自我分析等问题，所以我将那本书命名为《自我分析》。

我描述了很多个体倾向，但并不满意。我担心对各种倾向的具体描述会给人以孤独的印象，毕竟这些排列真的太简单了。我清楚地意识到同属于一类的不仅有对情感的非正常需求，还有对强迫表达的虚心和对"伙伴"的要求，但我没有意识到所有个体倾向在结合之后所形成的是对自我和他人的基本态度，是一种特殊的生活哲学。我们常说的"靠近他人"的人就是以这种倾向为中心的，而我们所说的"抗拒他人"的人身上则大多包含着对权力和名誉的强迫性渴望，这和神经症野心存在相同之处。虽然希望得到他人的敬佩，渴求达到完美都会影响患者和他人的关系，都会使患者表现出神经症的倾向，但影响最严重的还是患者和自我的关系。此外，利用他人的需要和对感情与权力的需要是有差别的，后者属于基础的需要，前者则不是，有这种需要的人并不多，它看起来更像是从某个大整体上取下的一小部分，而不是一个独立存在的个体。

之后的研究证明了我的质疑是有道理的。我把研究的焦点放在了神经症冲突的作用上。在《我们时代的神经症人格》一书中，我表明了这一观点，引发神经症的原因是不同神经症倾向的彼此作用。在《自我分析》一书中，我还提到神经症倾向不仅有彼此加强的作用，彼此矛盾的神经症倾向还会发生冲突。初始阶段，患者对他人的矛盾态度会导致这种冲突的产生，随着时间的推移，冲突的产生原因会越来越多，比如患者对自我的矛盾态度、矛盾的性质和价值观等，都会引发这种冲突。

我在很多现象中都发现了冲突的重要性。开始时，我对患者对自己内心的矛盾状况一无所知，甚至他们对这些也不感兴趣，使我感到十分震惊。一旦我和他们聊天的内容涉及这一方面，他们就会变得支支吾吾。经历过几次这样的事情后，我发现虽然我希望能够帮助患者解决矛盾，但是患者对我这样的矛盾分析者并不感兴趣，这也是他们支支吾吾的原因。如果他们最终发现了内心存在的这种冲突，又会开始显得手足无措。观察患者的反应，我知道这种内心的矛盾就像是一颗"炸弹"，患者十分清楚它能够粉碎自己，他们对此充满恐惧而采取回避的态度，这也是很合理的。

之后的研究中，我意识到患者自己也在想办法解决这些冲突，但最终却一无所获。具体而言，他们解决冲突的努力本就是在建造虚伪的和平，他们彻底否认了现实存在的冲突。

患者试图解决冲突的办法主要有四种。

首先，患者会想方设法掩盖一部分冲突，将主导权交给对立方。

其次，"回避他人"也是一种解决办法。现在，我们对于神经症性疏离的作用有了进一步的认识，这其实就是一种孤独，是一种基础的冲突，也是我们对他人的一种初始矛盾态度。此外，这种孤独会拉开自我与他人之间的感情距离，使冲突成为一种摆设，换言之，这也是试图解决冲突的办法之一。

再次，部分神经症患者会采取隔离自己的办法，这与"回避他人"完全不同。对这类人来说，他们的真实自我由于现实的状况开始变得虚无缥缈，于是他们开始按照想象中的真实自我在心中塑造出一个自我形象来取代真实自我。在幻想出的真实自我中，所有的冲突都以多重人格的一部分展现出来，早已没有半点冲突的痕迹了。我们对神经症的很多问题并不十分清楚，所以，在此之前我们对两种神经症倾向没有明确地标明类属，但在尝试这种办法后，这些难题就迎刃而解了。追求完美现在表现为向理想化的自我形象前进，希望他人称赞自己，无非就是希望自己的理想化形象得到他人的认同，他人的称赞是否能够满足我们的要求，这取决于现实状况和我们想象中的自我形象有多大区别，区别越大，就越难以满足。理想化的形象会对整体的人格产生重要的影响，可以说这是解决冲突的重要实验。但是，在这一过程中，人们的心理会出现新的状况，这需要我们继续解决。

最后，解决冲突的办法就是解决试图隐藏其他内心冲突的新问题。在一些情况下，患者会误把自我的内心活动当成外在发生的情况，这其实就是我所说的"外化作用"的结果。在外化作用下，和理想化自我现象差距较小的真实自我会变成一个完全不同的个体。同时，还会产生一种新的冲突，更确切地说，这种冲突本就存在，只是现在被它放大了，而被放大的程度最严重的应该是自我和外界间的冲突。

上述四种办法就是神经症患者为了解决冲突经常使用的办法。在各种类型的神经症中，这些办法都起着一定的作用，只是作用的大小不同。同时，它们还对人格产生了较大的影响。当然，还有其他办法的存在，但论及广泛性价值，没有什么办法比得上这四种。当患者内心产生疑问时，总会通过不断肯定自我来解决这种冲突；当患者内心世界支离破碎后，总是通过彻底控制简单的意志将碎片重新整合；当患者发现冲突和梦想有关联时，总会以游戏人间的态度蔑视一切价值观来达到解决冲突的目的。

起初，我对于尚未解决的冲突引发的后果并不清楚，但现在我明白了，我们能够看到的各种害怕、虚度光阴、损害道德、贬低信念、由复杂的感情引发的绝望等都是后果。

在完全认识了患者陷入绝望后的状况之后，我才开始理解偏向于虐待的现实价值。我开始明白，患者之所以希望通过替代性生活化解冲突，是因为他们已经对自我绝望了，从他们在虐待行为中表现出的态度上，我们能够清楚地看到他们渴望报复性的成功。所以，我认为如果破坏性利用的目的是在更加广阔的领域中展现自我，那么，这就和纯粹的神经症倾向完全不同。现在，我们还无法准确定义这些人，暂时将其称为虐待狂吧！

一种新的神经症理论就这样产生了，它以靠近他人、抵触他人、回避他人这三种态度间的基础冲突为动力学中心。患者在一开始就为解决这些冲突付出了巨大的努力，因为他们不想忍受人格被分裂的惨痛，他们希望自身功能保持完整。当然，他们能够很快找到一种回归平衡的方式，但是，在这一过程中，新的问题不断产生，患者需要不断思索新的办法解决新的冲突。为了保持自身的功能完整，神经症患者们必须不断努力才能防止被分裂，这加重了他们的恶意、绝望和恐慌，更加逃避自己和他人，导致病情加重，完全解决冲突的可能性更小了。在这一过程中，患者的绝望感会越来越强，他们只能通过虐待行为弥补自己内心的渴望，只是在绝望感不断增强的过程中，很多新的问题伴随出现了。

　　这是神经症发展和其形成的性格结构产生的必然结果，让人不禁有些沮丧。那么，在这种状况中，我为什么还要说我的理论更优呢？首先，我的理论否认了通过简易方式治愈神经症的观点，虽然这一观点符合乐天派的逻辑，但是却和实际状况相差甚远。不过，治愈神经症也不像悲观者认为的那么复杂。我的理论不仅说明了神经症的烦琐和严峻，同时还提出了一些积极阳光的观点，这些观点能够帮助患者缓和冲突，在实际问题中彻底解决冲突，从而保证人格的完整性。也正是因为如此，我才说我的理论更优秀。神经症患者依靠自身的力量解决冲突是不现实的，这种方式不但不利于解决冲突，甚至可能危害自身，神经性冲突无法通过理性得到解决。想要解决这些冲突，我们可以尝试改变人格中引起这种冲突的状况。通过剖析，我们能够减少患者的绝望、害怕和敌对，拉近患者和他人、患者和自身的距离。也就是说，只要我们的剖析工作到位，这些状况就是可以改变的。

弗洛伊德的理论认为，人类终将走向灭亡，疾苦是人类必须承担的一部分，人性本就不善，又何谈发展前景呢？他对神经症患者及其治疗一直怀着消极的心理。驱使人类行动的本能处于被支配的地位，它也许会不断被提高，但也只能如此而已。不过在我看来，每一个个体都渴望通过发掘自身潜能使自己趋于完美，而且我相信他们都具备这种能力。但是，个体不是在任何时候都具备潜能，如果某些因素不断影响个体和他人、个体和自身的关系，那么他的潜能很有可能会丢失。明白的道理越深刻，我就越相信生活在世界上的每一个个体都能够不断完善自我。

第一部分

神经症冲突和尝试解决

Our Inner Conflicts

第一章 剧烈的神经症冲突

首先,我要强调的是存在冲突和患有神经症是两个不同的概念。在我们的一生中,存在很多内心的冲突,如在生活中,我们的理想、兴趣和观点经常会和身边的人截然不同。如同我们与生活的环境总是出现矛盾一样,在我们的一生中,内心也总会出现各种矛盾。

动物的大部分行为是由本能决定的。比如动物间的交配、育雏、觅食和防卫等活动都是由本能而不是个体的想法决定的。在众多生物中,只有人类享有选择权,这是一项特殊的权力,也是一种巨大的压力,因为他们不得不选择。很多时候，人的欲望处于相反的两个方向，如有时候我们享受他人陪同却不接受他人的打搅，有时候我们渴望在医学上深造，却对音乐难以割舍，在这种情况下，我们必须做出选择。也许我们不得不做的事情并非我们的意愿。比如在我们必须帮助那些陷入困境的人时，也许我们更想和情人温存；也许我们支持他人某一观点的时候，内心却极为反感。这种情况下我们该怎么选择呢？或者面对两种完全不同的价值观时，我们开始变得迷茫、不知所措，比如在战争来临时，我们应该选择奔赴前线保家卫国，还是应该承担起照顾家人的责任呢？这种选择真的太难了！

　　这些冲突的类型、范畴和强度是由文明状况决定的。如果文明基本稳定，传承传统，那么，个体面临的选择种类就会减少，出现冲突的机会也会少很多，但这并不意味着冲突在这种状况下就完全不见了。矛盾可能存在于两种有差别的忠诚中，也可能存在于个体的欲望和集体的责任中。在文明快速转型中，彼此矛盾的价值观和截然相反的生活方式是可以和平共处的，在这段时期，提供给人们的选择多得数不清，但人们想要做出一个选择并不简单：在思想上，人们可以与众不同，也可以人云亦云；在生活中，人们可以独来独往,也可以迎合集体;人们可以选择向往成功,也可以选择忽略成功;人们可以选择严加管教孩子,也可以选择放养;人们可以对男性和女性采取完全不同的态度,也可以选择对他们一视同仁;可以将两性作为感情的附属品,也可以将其看作是人类本能的欲望。这种选择数不胜数。

可以肯定的是,生活在现有文明中的人总是会遇到这些选择,也就是说,这些类型的冲突是普遍存在的。而大部分人在遇到冲突的时候,总是被外力左右,跟随他人的脚步前进,以至于卷进矛盾中的他们还不清楚到底发生了什么,根本没有独立的见解,面对问题只是一味忍让。也就是说,个体在面对文明中的种种冲突时,对此一无所知,更别说拥有解决问题的能力了,他们甚至都没有思考过这些问题。需要强调的是,我所说的这些个体都是正常的个体,并非神经症患者。

因此,了解自己真实的愿望是发现矛盾、解决矛盾的第一步,不仅如此,我们还应当清楚我们的情感世界:如我们是发自内心地喜欢一个人,还是因为觉得应当喜欢他,所以误以为真的喜欢上了他?面对父母离世,我们表现出的悲痛是真心的,还是惯性思维下的行为?我们向往进入医生或者律师的行业，是因为喜欢职业本身，还是因为喜欢职业带来的经济收入和社会地位？我们希望孩子幸福成长、人格独立，到底是出于真情，还是表现给外人看的？那些我们看起来再简单不过的真实情感和需要究竟是什么，我们真的了解吗？恐怕未必。

　　只有树立健康正确的价值观，我们才能了解冲突。因为思想、信念和道德观在很大程度上影响着冲突。引发冲突并指导我们做出选择的只有我们自身的价值观，他人的价值观对我们不会有这样的影响。在新思想的作用下，我们会快速更新我们的价值观。如果我们将他人的价值观占为己有，那么，出现的所有冲突都不会涉及我们自身的利益。例如，某位父亲心胸狭窄，但儿子却不以为然，如果父亲替儿子安排了一份工作，即便儿子不喜欢，内心也不会因此而出现冲突；一位已婚男子和另一位女性之间产生爱情时，他的内心就会出现冲突，面对婚姻他不知所措，难以抉择，自然也不能有效地解决冲突，只能通过最简便的办法解决问题。

　　我们不仅要对这类冲突了如指掌，还要学会放弃两个冲突中存在争议的一个，且必须学会割舍，不可以舍不得。但是，我们的情感和信念总是牵扯不断，所以几乎没有人能够一直保持清醒，并割舍存在争论的冲突。对安全感和幸福感的缺失使很多人都不愿心安理得地放弃冲突。

只要是决定，就可能出现错误，因此我们在做出决定的时候，一定要明白我们需要为自己的决定负责，需要承受决定出错带来的风险，不埋怨他人，并且我们必须有能力承担自己决定的后果。他也许会想："这是我自己选择的，和他人无关。"他的内心必须具有强大的力量和独立精神，这是大多数人缺失的。

经常处于冲突重压之下的人，对那些完全不受冲突影响，事事顺心的人既羡慕又钦佩。当然，他们有值得我们钦佩的道理，无论我们是否愿意承认，这都是一个事实。这类人一般都已经树立起了完整的价值观，他们的成长不会轻易受到冲突的影响，所以面对很多冲突，他们并不急于选择，这给人一种泰然自若的强者气质。但是，我们看到的是否属实呢？那些看上去的淡定从容有可能只是一些表面的虚假掩饰，我们钦佩的那些人，可能也是一群人云亦云或者依靠小聪明取胜的人，他们在面对冲突时，从不依靠能力积极主动地彻底解决冲突，而是通过冷漠、顺从或者运气解决。

积极感受冲突的过程可能并不愉快，甚至十分痛苦，但不能否认这是一种非常罕见的能力。只有我们有足够的勇气面对冲突并努力解决冲突，我们的内心才能更加自由强大，勇气和自由与力量成正比。我们想要掌控自我，就必须学会承受挫折。我们不需要羡慕那些内心愚昧、表现淡定的人，因为他们其实十分脆弱，一触即溃。

如果冲突在生活中无处不在，那么，我们是很难面对它的，更别提解决冲突了，但是为了生活下去，我们避无可避。教育促使我们更加了解自己，促使我们建立起自信心。只有我们充分理解那些和生活中的选择相关的全部因素的价值，我们才能够找到努力的方向，找到生活的正途①。

对神经症患者而言，认识并解决冲突并不简单。需要强调的是，我所说的"神经症患者"是那些"确实已经生病了的人"，可能每一位患者的病情都不相同，但他们对自己的情感和渴望却一无所知，在他人攻击其缺陷时，他们会表现出明显的恐惧和恼怒，但同时也会尽力压制这些情绪。有一些神经症患者根本没有方向，他们也不具备选择方向的能

---

① 参见《做真实的自己》，作者是哈里·爱默生·富司迪，书中描述了屈服于外界的压力是怎样让自己变得愚蠢、迟钝的。——原注

力,这是受强迫性标准的影响太深的结果。患者在强迫性标准的控制下,不愿意放弃任何冲突,也没有勇气承担任何选择的后果①。

在正常人中广泛存在的形成困扰的很多问题,在神经症冲突中也很常见,只是种类有所不同而已。很多人认为,用同一个术语来表示两种不一样的东西是不恰当的。但是在我们看来,只要我们充分了解两者的区别,这一做法就无可非议。那么,神经症冲突有哪些特征呢?

举一个简单的例子。某位工程师和他人一起研究机械设备,但总是疲劳易怒,这使他饱受煎熬。一件平常的小事也会让他发脾气。有一次,同事的方案在技术问题讨论会上通过了,他的却没有通过。之后,在他不知情的情况下,同事们又做出了一个决定,他没有机会表达自己的观点。面对这种情况,他有两个平衡性选择,或者是以受害者的身份表明程序不合理,从而维护合法权益,或者支持同事们的决定,但他却没有采纳任何一种办法。他因同事对自己的无视感到气愤、恼怒,将所有的负面情绪全部表现在了梦里,但在现

---

① 见本书第十章"人格枯竭"。——原注

实中却没有任何反抗。他恼怒的不只是同事，还有自己的懦弱，长久压抑的恼怒情绪使他更加疲劳易怒。

在多种因素的共同作用下，工程师没有做出任何平衡选择。在他的意识里，自己是一个能力超凡的人，但只有得到他人给予其足够的尊重后，他才会意识到自己的能力超凡。他总以为，自己才是这个行业的领军人物，这是他所有行动的基础，但他对此是没有概念的，这一观点几乎成了他做事的原则。他之所以会变得恼怒异常，是因为他人违反了这一原则，但他对于这一点却完全没有意识。不但如此，他总是试图用友善掩饰内心的愤怒，总是一味地贬低、责骂他人，这显然就是虐待倾向，但他对此毫无意识。此外，他总想利用别人为自己谋取利益，所以在众人面前他总是保持友善，这也是无意识内驱力的一种。同时，他对他人的依赖程度越来越严重，因为他要满足自身的感情需要，要得到他人的称赞，面对他人惯性地谦和、忍让、顺从也加重了这一现象。由此，冲突出现了：他随时可能压抑不住内心的恼怒情绪和虐待倾向，产生有破坏力的攻击性行为。但他同时也需要努力维持平和，使他人的赞扬和自身的情感需求更加合理，至少自己看起来合理。于是，他在众人面前隐藏起内心的矛盾情绪，开始变得疲劳易怒，精神状态不佳。

　　仔细分析这一冲突，我们就会惊讶地发现引发这一冲突的各种因素之间没有共同点。说一个偏激的案例，一个人表现出一副不可一世的样子，希望得到别人的尊重，但同时又放低姿态迎合他人。其次，工程师对于冲突的存在，以及在冲突中占有重要地位的矛盾倾向完全没有意识，甚至还努力压抑冲突，这使他表现出来的情绪十分正常，内心的纠结转化成一个简单的表象：我的方案是最好的，他们对我的无视是错误的。最终，两种强迫性的冲突倾向产生了，他的理性告诉他这样的要求太过分了，过度依赖他人是不正确的，但是这都是他主动选择的，现在已经无力改变了。只有大量的分析能够帮助他改变一切。他被两种失控的强迫力量围绕：这是他无法忽视的内心最急切的需要，但又不是他真实的需要。他轻视那些利用他人、顺从他人的人，因此他不愿意成为那样的人。这一事例让我们对神经症冲突有了更进一步的了解，让我们知道了所有选择都是行不通的。这一事例具有很高的研究价值。

　　还有一个类似的案例。一位自由设计师从好友那里偷了一笔钱。他很需要钱，但如果他选择向这位好友借钱，好友一定会借给他，因为这已经不是他第一次向好友借钱了。而且，他是一个十分注重脸面、极度重视友情的人。所以，众人都很不理解他偷钱的行为，对此十分惊讶。

分析他这么做的原因，我们可以看到以下冲突。为了保持自己的主动权，同时得到他人的情感，他做出了这一行为。换句话说，他就是想利用他人获得全部的好处，这是一种完全没有意识的倾向，只是表达出他希望在任何情况下都能够被别人照顾的想法，这是一种感情上的非正常需要。在脆弱的自尊心的驱使下，他拒绝接受他人的帮助，但现实情况恰恰相反，他需要他人的帮助。他认为，他人应当主动提供帮助，毕竟能够帮助自己是他人的荣幸，但如果换成他主动请求别人的帮助，那就是难以忍受的屈辱。无论他有怎样的需要，都不会主动承认，他不想对他人有所亏欠，因此，他讨厌向他人提出要求，因为他渴望获得自由和独立。换言之，他无法接受他人的恩情，更希望通过自己的作为获得想要的一切。

和第一个案例相比，两种冲突存在很多差异，但究其本质而言是相同的。因为全部的神经症冲突的冲突驱力从实质上而言具有无意识性、强制性和不兼容性，所以患者凭借自己的能量不可能解决全部的神经症冲突。

正常人和神经症患者的重要区别在于，他们在冲突的两种倾向上的距离较小，这是十分明显的一个标志。简而言之，正常人产生冲突的两种方向之间是锐角或者直角，而神经症患者产生冲突的两种方向之间则有可能达到了平角。在整体人格框架的作用下，正常人会在两种行为中做出选择，无论选择哪一种行为，都有其原因，没有什么对错可言。

在意识程度上两者也大不相同。就像索伦·克尔凯郭尔所说的："现实生活不可能通过抽象的对比表现出来，我们将无意识的绝望和有意识的失落进行对比，本就没有价值，因为现实生活不可能这样单调。"换言之，我们对于正常范围的冲突是有意识的，但是一旦神经症冲突出现了，我们却丝毫察觉不到导致冲突的因素。神经症患者冲突的主要方向一般会隐藏得很深，这导致他们必须克服重重困难才能够感知冲突的存在，而正常人想要感知到这一点，只需要稍微启发就可以了，即便在此之前，正常人完全没有意识到冲突即将产生。

对正常人而言，面对冲突，无论选择哪一个方向，都是自己想要得到的，或者说都是自己难以割舍的，虽然他们需要放弃某一部分东西来做出这个艰难的选择，但无论如何，选择是可以做出的。而对于重度神经症患者来说，冲突的两个方向几乎是完全相反的，两者都在强迫性因素的控制下，但两者都不是患者本身想要的，所以他们无法自由做出选择。他只能被锁定在某一个地方，停止前进。只有改变自我与自我、自我与他人之间的关系，并积极处理神经症倾向，才能改变现状。

神经症冲突为何会如此剧烈呢？相信上面的论述已经给出解释了。这些因素在心里的破坏性力量，既让人恐惧，又让人无望。我们只有了解并牢记前面提到的这些因素，才能够清楚神经症患者为了解决冲突进行的努力和试验。实际上，患者为了解决冲突进行的努力和试验正是神经症冲突的主要内容①。

---

① 在本书中，我用的"缓解"（solve）这个术语，是指神经症患者为了消除内在冲突而进行的尝试。从严格意义上说，患者无意识地否定冲突的存在，所以他的努力无法"解决"（resolve）他的目的。患者的无意识努力，目的是"缓解"问题。——原注

第二章 基本冲突

很多人都知道神经症会受到冲突的影响,但是没人能想到它的影响竟如此巨大。大部分冲突本就存在于无意识中,而神经症患者更是否认冲突的存在,这导致人们很难发现冲突。那么,冲突究竟是通过什么方式表现出来的呢?两个明显的因素能够证明冲突确实存在,我们从前一章列举的两个案例中就能发现,导致冲突的因素之一是其最终引发的结果,如两个案例中的疲劳和偷窃。实际上,神经症冲突全部是由间接冲突或直接冲突引发的,也就是说,无论神经症状表现为什么形式,只要有这类症状,就证明冲突存在。渐渐地，我们会理解现在我们情绪上的忧愁、郁闷、迟疑、懒惰、孤独等，都是冲突没有得到解决对人体产生的影响。在了解了这一层因果关系后，我们就能够看到混乱的表面现象后的根源，不过我们还难以了解根源的实质。

冲突存在的另一个明显特征就是彼此矛盾。就像第一个案例中的工程师，他清楚地知道发生在自己身上的事情并不公平，却没有明确反对这种不公平；第二个案例中的主人公也一样，他明明重视友情，却选择从朋友那里偷钱。即便是没有经验的观察者也能够轻易看出这种彼此矛盾的现象，就连患者自己有时候都能够清楚地感觉到，但大多数情况下，患者自己是发现不了的。

人体患病的一个标志是体温升高，同样，冲突存在的标志之一就是彼此矛盾。生活中，我们随处都能看到彼此矛盾的事例。例如一个渴望婚姻的女性却难以接受任何男性的感情；一位十分疼爱孩子的母亲却记不住孩子的生日；一个很小气的人在众人面前却很大方；一个喜欢安静的人却难以接受在某种环境中独处；一个对自己要求严格甚至苛刻的人对待他人却十分宽容仁慈。

在关于冲突本质的研究中，彼此矛盾具有重要的意义，这和症状是不一样的。例如,当某人烦恼众多时,我们可以说此人陷入了进退维谷的状况;如果某位母亲疼爱自己的孩子,却总是忘记孩子的生日,那么,我们可以推测这位母亲的注意力并不是孩子本身,而是如何才能成为一位好母亲。她一方面希望自己成为一位好母亲,向理想化的形象迈进,另一方面却有无意识虐待自己孩子的趋势,因为她希望孩子能够承受苦难。

我总是强调"神经症冲突属于无意识的",但在一些情况下,我们却能够清楚地感觉到冲突的存在,它没有任何躲藏的机会。听起来,这似乎是两种彼此矛盾的说法,但其实,那些表现出来的冲突只是已经扭曲或者变异的真实冲突。因此,当某人在面临某种重要的选择时,虽然可以逃避,但相比之下,他陷入有意识冲突的可能性更大,甚至会无法自拔。是否要选择婚姻,又应该选择哪个女性作为终身伴侣,应该做哪一份工作,是否应该和他人继续合作,种种问题困扰着他,让他踌躇不前,难以决定,他根本不知道应该怎么选择,更别说做出决定了。为了找到这些问题的答案,了解自己,不堪忍受困扰的他多半会选择请求心理分析师帮助。但是,这些表现出来的冲突只不过是长久以来内心积压的冲突达到某一程度后的爆发，如果想彻底解决冲突，我们必须寻找更深层次的冲突。也就是说，他现在向心理分析师求助，必然会无功而返。

一旦患者意识到自己和周围的环境存在矛盾，就意味着他知道冲突是现实存在的，也就是说，心里的冲突已经外化了。如果人们在自己实现心愿的道路上总是感觉毫无缘由地担心、郁闷、内心矛盾，那么，他也有可能发现了内心的冲突，并且这些冲突有着更深层的原因。

如果我们了解的人出现了神经症外在表现、彼此矛盾和外化冲突的矛盾因素，我们可能更容易感觉到这些因素的存在。但需要强调的是，在这种情况下，矛盾的类型和数量都会有所增加，这也有可能让人们更加困惑。此时，很多人会开始思考：在全部冲突中是否存在一个隐藏在背后的基本冲突呢？我们是否可以通过分析一段不和谐的婚姻来认识冲突的结构呢？因为婚姻本身的不和谐，导致了婚姻生活中一切和孩子、亲友、财富、饮食等相关的问题都出现了不和与争吵，但从表面观察，这些不和与争吵之间并无瓜葛。

人格中存在基本冲突，这一观点很久之前就得到了人们的肯定，其在宗教和哲学中也有十分重要的作用。明亮与阴暗的对立、上帝和魔鬼的对抗、善良和丑恶的对峙都是这一观点的主要表现。弗洛伊德不仅提出了这一观点，同时还提出了现代心理学中众多具有开创性的理论研究。他假定，人格中的基本冲突是人们冲动地满足欲望的本能驱力与家庭社会的不安环境之间存在的冲突，这也是弗洛伊德的第一个假定。从幼年时期，不安的环境就已经成了人格中的一部分，之后，它总是表现出超我的形式，让人害怕。

这一假设十分正式，如果我们认真讨论，需要一一列举分析反对"力比多理论"的观点，这有些欠妥。因此，我们不需要在弗洛伊德的理论条件上花费大量时间，如果有精力，不妨直接探寻理论本身的意义，即便只是冒险。那么，看法只有一个：利己驱力和良知之间的对抗从根本上引发了各种冲突。我认为，这种对抗（或者在我看来与这种对抗等价的东西）在神经结构中的地位十分重要，大多数人对于我的这一观点都是认同的，只是在其基本属性上，我们产生了分歧。接下来，我会详细论述我的观点。在我看来，神经症发展过程中的主要冲突具有继发性，且这一点是毫无疑问会发生的。

我认为，由私欲和恐惧对峙引发的冲突与神经症患者严重的心理分裂状况之间没有关联，更别说具备摧毁一个人生活的能力了，也正是这一原因使我形成了不同于众人的自己的观点，不过这只是一部分原因，在之后的论述中，我会详细解释其余原因。根据弗洛伊德的假定，神经症患者如果不害怕，其精神状态是足够支撑他完成某一目标的，他具备这种能力，并且会为之努力奋斗。但我认为，神经症患者的全部心愿都是破碎的，且彼此处于对抗状态，他们不可能全心全意为某一个目标努力奋斗，所以才引发了冲突。患者的精神状况十分复杂，绝不像弗洛伊德的假定中描述的那么简单。

与弗洛伊德认为的基本冲突相比，我认为的基本冲突具有更强的破坏力。但是，在对解决问题可能性的看法上，我却比弗洛伊德乐观很多，我认为这并不难。弗洛伊德对此有些悲观，他认为从理论上讲，基本冲突是无解的，所以在普遍存在的基本冲突面前，我们只能选择向更好的方向调节或者是更理性地掌握自我。但是我认为，神经症患者表现出来的冲突是完全有可能解决的，即便是神经症的基本冲突也不例外，只是分析解决的过程并不容易，这要求患者有足够强大的心理来承受这一艰难的过程，只要他愿意努力尝试，冲突一定可以迎刃而解。我和弗洛伊德的不同出发点，是我们得出不同结论的真正原因，这不是简单的乐观和悲观的差别。

弗洛伊德关于基本冲突的解答在哲学上具有强大的吸引力，但是，即便我们忽略了他思想中的各种提示，只谈论他关于生存与死亡的本能理论，也可以将其视为人类的创设性能力和破坏性能力之间的冲突。弗洛伊德并不认为这两种力量和冲突有关联，他对两者间的协调方式更感兴趣。例如，他认为虐待驱力和被虐待驱力的产生是性本能和摧毁性本能联合作用的结果。

想要把我的观点应用到研究冲突中，只能先引进道德观。这一点弗洛伊德和我的区别很大，他竭力创建的心理学和道德观的关系不大，在他看来，道德观和科学领域是两个完全不同的范畴。弗洛伊德的理论研究大都围绕着"忠诚于科学"的观点，所以他的理论及由理论展开的治疗办法都只能在小范围内使用。不可否认，弗洛伊德在该领域中进行了大量研究，但由于他并不明白冲突是如何影响神经症的，所以他的努力最后只能以失败告终。

荣格也十分关注人类的冲突。根据每一个个体都有很多类型的矛盾，他得出这样一个结论：只要某种元素存在，它的对立面就一定存在。外表柔弱的人，内心必定强硬；看似活泼的人，性格一定腼腆；看似将理性和思维作为行动准则的人，内心一定对感情极为重视。从这些事例中我们可以看到荣格的观点，他认为冲突是神经症患者的根本特点，只是在荣格的思维中，冲突的两面是可以完美共存的，个体能够全部接受，所以他后来还说，所有的对立面都是互补存在的，一切冲突都不存在。荣格的"互补原则"认为，除非人们对某一方面极度重视，否则他不会走进困境，更不会发展成神经症患者。我承认，完整的人格中包含着一些对立互补的因素，但是，患者坚守这些因素是因为他们试图通过这些因素解决冲突，换句话说，这些因素是由神经症冲突导致的。例如，一个人生活在自我的世界中，他只关注自己的思想、感情，不愿和人交流，对他人的事情丝毫没有兴趣。如果我们将其当作正常，认为这种行为是由个体素质决定的，并在多年的阅历中得到了强化，那么，荣格的观点就是正确的。想要彻底治愈，我们需要按照以下方法治疗：首先告知患者，他有"外向"的一面，只是现在还没有表现出来。然后，将过度内向或者过度内向可能引发的危害性后果全部告诉患者,再鼓励他将外向和内向两种性格融合在一起,并运用到生活中。但是,如果我们认为患者逃避冲突是他的内向性格(我更愿意相信这是神经症孤单表现)导致的,那么,我们的当务之急不是劝他表现出外向,而是让他了解隐藏在外在内向背后的冲突。只有彻底解决这些冲突,患者才能够拥有完整的人格。

现在,我开始论述我的看法。我认为,当一个人面对他人感觉纠结的时候,就会产生神经症的基本冲突。在讨论之前,我们不妨先说说"化身博士"的故事。在这个故事中,作者对矛盾采取了戏剧化的处理方式:海德被塑造成了一个冷酷无情、凶狠暴力、自私自利的人,但同时他也富有激情、心思细腻、具有同情心、乐于助人。可以说,海德是特征鲜明的神经症分裂症状,当然,我并非在暗示所有的神经症患者都具有类似的症状,我只是想表明,从患者对待他人的态度中,我们能够看到根本性矛盾的存在。

患病的孩子在一个潜伏着敌意的世界中会感到孤立无援,这种感觉被我称为"基础焦虑"。只有理解了这一概念,我们才能明白为什么患者对待他人的态度中会表现出根本矛盾。外部的复杂环境很可能是孩子不安的来源,例如:间接教育或者直接教育；冷漠；冲动的行为；对孩子的请求视而不见；父母在争吵中强迫孩子支持某一方；不公；轻视；谎言；孩子能够感受到敌意等。

家长应当注意，孩子能够意识到环境中存在虚假的善良，对此，我们要特别提醒广大家长。孩子可能会意识到父母的爱并不真实，可能会意识到父母做出的慈善行为不真实，他们的诚实和慷慨也都不真实。实际上，孩子只能确定这些行为中的一部分是不真实的，这大部分都是孩子潜意识的一种感觉，因为他们意识到父母的很多行为之间自相矛盾。那么，导致这一状况的因素对孩子造成了哪些影响呢？恐怕连精神分析师都无法快速解答，因为这些因素总是联合产生作用，且我们只能看到表现出来的一部分，一些隐藏起来的我们很难意识到。

这些情况让孩子感觉着急不安，感到烦闷，甚至会开始怀疑、恐惧。为了应对生活的环境，为了在恶劣的环境中生活，他们开始采取毫无意识的方法应对生活，尝试多样的生活方式。在这一过程中，孩子们发展的不仅是应对生活的技能，也是某一面性格倾向，这最终成了他人格中的一部分。这些方向就是我常说的"神经症倾向"。

想要了解形成冲突的原因,我们只能普遍观察孩子在这些状况中可能做出的或者实际做出的行为,如果只是重点观察个体的倾向,这一研究不会有任何进展。我们目前还无法了解孩子具体的行为,但是我们却很清楚他们对外界环境的态度。一开始,我们观察到的孩子的态度可能比较复杂多样,但随着时间的推移,我们会清楚地发现孩子的态度一般可以分为三种:孩子靠近他人、孩子抵触他人、孩子回避他人。

虽然孩子和他人的亲近总是保持着一定的距离,且有时会带有恐惧感,但他们已经意识到了自己是孤独无助的,他们希望得到他人的喜欢,希望为自己找到依靠,这是他们和别人安心相处的前提条件,因此,他们愿意为之努力。当家庭内部发生争吵时,孩子会快速做出决定,支持有利于自己的一方,这样才能够马上找到归属感、安全感,不至于和以前一样孤独无助。

当孩子感觉到周围的环境中存在不安全因素时,就会自然而然地做出对抗行动,这可能是无意识的,也可能是有意识的,其最终结果都是孩子开始抵触他人。他们虽然没有证据证明他人的情感和目的有问题,却总是难以完全相信,所以他们会尽力反抗。他渴望成为更强的自己,这样才能够保护自己,攻击他人、战胜他人。

当孩子认为自己很特殊,周围的人都不能理解自己的时候,就会开始回避他人,他只想独处,既不依赖他人,也不对抗他人。他会用书本、玩具、理想和大自然创造一个属于自己的世界,并在这个世界中独处。

孤独无助、敌对和孤单,是这三种态度中突出的三种倾向,其实都可以划分在焦虑的范围内。实际上,只要孩子表现出一种态度,这三种倾向的痕迹都会包含在其中,区别只是它们占有的比例。因此,即便是孩子自己也不可能只表现出这三种态度中的某一种。

接下来,我们直接说一说神经症的充分发展问题,这有助于我们进一步理解前面所说的内容。在很多成年人中,我们可以清楚地看到他们表现出上述三种态度中的一种,但其实这时,其他的倾向也起着一定的作用,相信这也是大家有目共睹的。例如,我们会发现,一个渴望寻找依靠的孤单的人,希望能够顺从他人,但我们在他的身上依然能够看到攻击性;一个和周围环境格格不入的喜欢独处的人,也有顺从的一面;一个对世界充满敌对情绪喜欢独来独往的人,同样渴望友情。

那么，人们最终会怎样行动呢？这是由处于核心地位的倾向决定的，当我们面对他人的时候，这也会成为我们的第一反应，我们会首先采取这样的方式方法。一个孤单的人不知道怎样和他人相处，因此总是与他人保持着安全距离，这是一种潜意识的举动。此外，对患者而言，容易被其接受的倾向更容易占据核心地位。

当然，我并不是说那些没有占据核心地位的倾向不具备影响力。例如，一个看起来希望顺从和依赖他人的人，内心也会有控制欲，只是他的控制欲表现得不够直接、不够明显，那么，他究竟是想依赖他人还是想控制他人呢？我们不得而知。也许潜在的非主导倾向的影响力更大，很多案例都能够证明这一点。在这些案例中，主导倾向和非主导倾向经常会转换，这种转换在成年人和儿童中都可能发生。典型的人物有思特里克兰德，这是英国小说家毛姆在《月亮和六便士》中塑造的人物形象。同理，女患者也经常出现这种状况：一个豪放不羁、雄心勃勃的假小子，一旦遇到了爱情，可能就会放弃自己的雄心壮志，转变成一个温柔贤惠的淑女；一个和众人都存在距离感的人，在经历了重大的灾难后，可能会变得十分黏人。

补充一点，以下我们经常碰到的一些问题，可能就需要用这些转变解释：成年之后的经历对我们到底有没有用呢？结束童年时代的我们，还有机会改变自我吗？大多数人对于神经症发展的看法并不完美，我们想要找到恰当的答案，只能从冲突的角度思考这一问题。例如，以下状况就是常见的：如果幼年时期的孩子没有受到严格的教育，那么以后的人生经历，尤其是青春期的经历会对其性格产生更大的影响。如果孩子在童年时期就循规蹈矩，那么无论他以后经历过什么，他的性格都很难改变。由于他的刻板，他无法接受新的事物，孤僻的性格也使他人产生了一定的距离感，没有勇气靠近，或者因为依赖他人的思想早已成为了其思想的一部分，他很愿意接受他人的掌控。此外，他的传统思维也使得他难以接受新事物，他习惯采用传统思维看待问题，一旦遇到新的事物，这种倾向就会变得更加强烈。例如，一个具有攻击性的人，总是会习惯性地认为善意待他的人有些愚蠢或者心怀叵测。青春期和成年之后的经历对人的性格具有改变作用，但是其影响力很小，因此，一旦某位神经症患者在态度上和以前出现较大的差别，他就已经走向了另一个极端，在内因和外因的双重作用下，他只能放弃占据核心地位的冲突。值得注意的是，只有冲突一开始就存在，这种改变才有可能发生。

从理论上讲，这三种倾向相互排斥的现象是不存在的，因为在这三种倾向中，可以寻找到一个平衡点，它们可以互相补充，和谐共存。我们应该清楚，一个人完全可以在坚守原则的同时顾及他人的情感，即便拒绝社交也可以。某一倾向占据核心地位是因为人们期望在某一倾向上过度发展。

我们能够从神经症中找到很多证据，证明这些倾向是彼此排斥的。面对外界复杂的环境，神经症患者通常会强迫自己思考究竟应该顺从，还是对抗，或者逃避，他们总是忽视环境的影响，不知变通，有时甚至会采取一些其他的方式，导致自己害怕。因此，当三种倾向同时增强时，患者自身会陷入剧烈的冲突中。

各种各样的倾向会逐渐影响患者的完整人格，就像是恶性肿瘤细胞会逐渐影响身体的各个器官一样，简而言之，这些倾向的影响范围并不会局限在人际交往中，冲突的范围是十分广泛的。最终，这些倾向不仅会操纵患者和他人之间的关系，也会操纵患者和自身、患者和生活之间的关系，这是无法逃脱、不可避免的。实际上，冲突引发的后果并不是不可调和的矛盾，就像爱与恨，依从与不屈，顺从和对立等，我们只有明确这些支配的全部性质，才能够意识到这一点，否则只会误入歧途。例如，我们不能根据法西斯主义和民主制度对待某一问题的态度有区别（如对宗教和权力的不同观点），就认为它们是不一样的。虽然态度不同确实是两者的区别之一，但是法西斯主义和民主制度的本质区别在于它们是两种对立的哲学，如果只简单强调态度的区别，很容易导致我们忽视其本质差别。

虽然一些冲突是在我们和他人的关系中产生的，但其最终作用的对象包括我们自身的人格。人际交往对个体至关重要，它可能会影响我们性格的形成、人生目标的设定和信念价值观点的形成。同样，这些与人际交往相关联的因素也会作用于我们的人际交往中，和人际交往彼此支撑、互相依靠，具有十分重要的价值[1]。

我认为基本冲突是神经症的核心，基本冲突是由矛盾的

---

[1] 既然不能将神经症患者对待他人的态度和对待自己的态度区别对待，那很多神经症疗法刊物中的观点就是错误的，也就是说，我们对待自己的态度和对待他人的态度，二者中必定有一种在理论和临床实践中更关键。——原注

态度引发的。这里说是"核心",是为了强调它是神经症的关键点,具有十分重要的作用。这一观点同样也是神经症新理论的内部核心,该观点认为神经症的标志是人际交往杂乱,从广义的角度考虑,这是对我先前理论的扩充。至于其具体的含义,将会在后文详细论述。

第三章 靠近他人

神经症患者为了防止基本冲突产生破坏性作用，建立起了一道防线，将基本冲突埋藏起来，并且埋藏得很深，因此基本冲突不可能独立出现，我们自然也无法看清它。这导致表现出来的都是为了解决冲突而进行的各种努力，而非冲突本身。如果将注意力全部放在病史的细节上，我们看到的只会是一些无足轻重的表现，看不到实质性的问题，因为病史隐藏了很多极其微小的区别。所以，我们不能期望通过观察基本冲突在部分个体上的表现研究清楚这一问题。

此外，对于前一部分论述的问题，我要做具体的补充。

想要掌握基本冲突的实质，我们只能先研究清楚全部的对立因素。如果想要取得一定的成功，那就需要观察某一因素占据核心地位的个体，这些人对自我的认同感更加强烈。为了方便解释，我特意把全部个体分成了三种类型：顺从型、对抗型和疏离型①。在每种类型中，我们重点关注那些人们更乐意接纳的态度，而尽量不考虑隐藏在背后的冲突。通过观察，我们会发现每一种类型形成后的根本心态会引发他们的部分需要、品质、敏锐、抑郁、焦虑和特别的价值。

这种做法像一把双刃剑。首先，我们必须让每种类型的心态、行动和信仰等的功能和结构清晰地展现出来，这样即便这些因素只是若隐若现，我们也能够根据研究的类型中明显表现出来的这些东西进行判定。其次，三种态度在实质上存在差异，而找到这些差别的有效方式就是研究这些典型的症状。

首先是顺从型人格。他们会明确表达出自己需要得到喜

---

① 本书中所指的"类型"是一种简化用法，代表的是某种倾向特别显著的一类人。虽然我有创建新概念的意愿，但是它必须建立在普遍性的理论基础之上。在这本书中，不管是本章还是后文的章节，我没有创造一种新概念的打算。——原注

爱和称赞，我们能够在这类人身上发现所有"靠近他人"的特征。同时，他希望有一个"能够掌控他，也能够帮助他明辨是非，同时可以满足其对生活的全部期待"的伴侣，这个伴侣是爱人、夫妻还是友人，都没有关系。这种需要与他人的价值与感受也毫无关系。我们能够在这些需要上看到神经症倾向的共有特点：强迫性、冲动性，在遇到挫折后，他们同样也会伤心、焦虑。其实，这种需要的本质是对亲近关系和归属感的渴望，只是他们表达的方式不同。顺从型人群因为自身需要的冲动性，更在意与他人兴趣爱好上的相同点，而忽视与他人的差别。他也会误解别人，但导致误解的是强迫性的要求，这不足以说明他的愚昧无知，更不足以说明他缺乏观察力。在某位患者描绘的场景中，我们看到了这种情况：她将自己幻想成一个站在场景中心的婴儿，但却被危险奇怪的动物包围着，有围着她不停扇动翅膀飞着的大蜜蜂，看起来很容易蜇她；有虎视眈眈看着她，想咬她的狗；有图谋不轨，想要抓她的小猫；有居心叵测，想要顶她的牛，所有的一切让她感到很绝望。显然，患者并不在乎动物拥有怎样的性格，这一点好像无关紧要，她渴望得到的"喜爱"具有更强大的攻击性，甚至带有恐怖性质。总之，这种类型的人需要他人的喜欢、需求、想念和爱，需要他人的接纳、欢迎、称赞和敬佩，需要他人的珍视，尤其是某个人的珍视，也需要他人的援手、爱护、照顾和教诲。

当精神分析师向患者解释这些需要带有强迫性质的时候，患者会不断替自己辩解，甚至给出足够的理由证明这些需要都是"合理"的。当然，我们无法否认被人喜欢、被人帮助以及归属感几乎是所有人都需要的，但是，这其中不包括那些因为被伤害而对情感失去了信心的人，他们的人格已经完全变形了（在之后的讨论中我们会详细论述这一点）。实际上，一直难以满足的是患者对于安全感的需求，那些对情感和称赞的过分需求，并不是他们内心真实的想法，只是躲藏在了安全感需要的背后，因此，患者是不对的。

既然最重要的是满足患者对安全感的需要，那么，他做的一切自然都是为了满足安全感的需要。在这一过程中，自然形成了一些有利于塑造其人格的品德和心态。在这些品德和心态中，有一点是受人欢迎的，那就是患者对他人提出的、可以被自身情感接纳的需要十分敏感。例如，一个患者可能看不出一个喜欢独处的人想要自己待着的想法，但是他却能够快速发现一个人希望得到怜悯、帮助和称赞。这让他看起来更像是一个忘我、大度的人，在某些情况下他甚至会牺牲自己的利益，因为他总是将他人对自己的要求或者是想象出来的他人对自己的要求放在第一位，而无视自身感受。如果承认这一点，我们就必须无视他一直需要别人的喜欢。实际上，他心里真正的想法是这些人都是虚伪和自私的，他并不在乎这些人会怎么样，但是这已经被他完全隐藏在顺从和周全之下了（一定在他的能力范围之内）。我们可以采用意识的术语描绘无意识状况发生的一切，如果让我来描述，我会说：他提醒自己，所有人都是好人，值得他信赖，他一定会对这些人产生好感的。但是，这种不正确的认知只能加重他的失落和不安全感。

他认为这是一种难能可贵的品德，但实际并非如此。他在给予的时候从未考虑过自己的感受和选择，但与此同时，他却希望得到和付出同等的回报。因此，他会不断产生困扰，因为他总是得不到期望中的回报。

与此相似的还有另一种品德，其表现方式如下：当意识到有人对某种状况不满，或者是他人产生激烈的矛盾竞争时，他会选择躲避。他甘愿（这是主动的行为）顺从他人，将核心领导权让给他人，而把自己放在不太重要的位置上，只是做一些简单的安慰、协调情绪的工作。他总是将自己渴望胜利、渴望报酬的紧急需要压制着，反而表现出一种善于让步、心甘情愿的心态，对此他也十分震惊。此外，在遇到错误的时候，他总会忽视自身的感受而选择承担错误。具体而言，当遇到明显的错误、批评和攻击时，他会第一个站出来接受批评，承担责任，但从未考虑过自己是否应当为错误而感到抱歉，是否应当承受这些攻击，这些批评到底有没有依据，但这其实是很重要的。

  这些态度经过一些难以察觉的神奇变化后成了明显的压抑。无论面对怎样的抨击，他都会逃避，因此，他开始变得抑郁；他不敢坚持己见；在明知道对方是错误的情况下，也不敢明说；面对展示自我的机会，他选择回避；面对自己的理想，他不敢追求；他已经没有能力指挥他人了。把他人作为生活中的核心，使得他无法完成自己的目标，无法享受自己的生活，抑郁感自然少不了。长时间如此，他的想法会逐渐改变，他认为他人的参与成了一件事情有价值的条件之一，无论是吃一顿饭、看一场演出、欣赏一段音乐还是赏玩一处风景，只要是一种经历，都逃不过这种想法。于是，他的快乐有了诸多限定条件，他对别人的依赖性越来越强，生活也更加无趣了。

这种人总会带有一些典型的特征，除了在上述品质上追求完美外，他们还喜欢用一些具有代表性的词语形容自己，如懦弱、孤独无助、卑贱、不幸等。当他在某种环境中独处时，他就会完全失去安全感，不知所措，就像是一条没有灯塔引航的小船或者是一个没有教母的灰姑娘。我们都知道，如果一个人在面对任何状况时都没有抗争的能力，那么他注定会成为一个懦夫，这是毫无意外的结果。这种不安全感不仅出现在梦中，同时也出现在他与别人的交谈中，有时候他甚至会将不安全感当成是一种人际交往的手段，希望借此引起他人的关注或者保护自己："我是一个懦弱的、可怜的人，所以你必须爱我，保护我，包容我，绝不能丢下我。"

他总是心甘情愿地把核心地位让给他人，这就出现了第二个特点。他总是认为比他强大的人更具有吸引力、更睿智、受教育程度更高、价值也更高，那他们自然也更加完美。因为他不自信，没有主见，能力难以有效发挥，即便是在擅长的领域取得了一些成功，他也会认为那些荣誉应当属于"能力更强"的人。面对优秀的人，他会变得卑微；面对强者，他会感到无用；即便只有自己，他也会贬低自己的品德、资质、能力和物质财富。

　　他总是毫无意识地用他人的观点评判自我，这是他对他人的依赖，也由此产生了第三个特点。对他来说，他人的回绝是一种摧毁性的挫折，当别人称赞他、青睐他时，他的自尊心会得到强烈的满足；但如果别人辱骂他、厌恶他，他就会感觉遍体鳞伤。他具有独特的逻辑思维，如果他邀请别人后没有得到回应，那么他虽然会表现得若无其事，一切正常，但自尊心却会跌落谷底。而对于那些评判、反驳、出卖过自己，严重威胁自己的人，他会选择想尽办法再次赢得他们的尊敬。如果有人给了他一个耳光，他的内心会告诉自己，把另一边脸也凑过去，让别人继续打，这是他唯一的想法，当然，他也是这样做的，但这并不足以说明他是一个"受虐狂"。

　　所有的一切促使他形成了一种特征鲜明的价值观。他的成熟程度决定着价值观点的清晰性和稳定性。仁爱、悲悯、爱、豪爽、大度、谦虚是这套价值观形成的基础，而利己、猖狂、狼心狗肺、视若无睹和依靠权势等力量是他痛恨的，也许只会悄悄地喜欢。

　　我们已经介绍了神经症"靠近他人"的所有特征。显然，这种特征已经形成了一整套思维方式、情感方式和行动方式，甚至可以说已经成了一种生活习惯，由此看来，我们只用顺从和依赖描述这些特征是不恰当的，相信大家已经很清楚了。

我一开始就说过，我不想探讨彼此矛盾的因素，但是，如果我们不清楚如何压制对立的倾向以增强核心倾向的力量，那我们就不可能完全了解患者，并判断他的信仰和心态。因此，我们应当把注意力放在隐藏在画面背后的事情上。从我分析"顺从型"人格的过程中，我们会发现患者会尽力压制自己的攻击性。同时，我们还发现，患者对待别人的态度就是毫不关心，从他的眼神中，我们甚至能够看到鄙夷，他好像一直考虑的是怎样愚弄、掌控和操纵他人，当然，他也许也在思考如何赶超他人，或者享受报复带来的快感，但这些都属于无意识的行为。总之，其内心真实的想法和表面上的过度关怀是截然相反的。患者在童年时期经历的事情不同，他们情绪失落的时候产生的内驱力也是不一样的，甚至强度也会有所差别。例如，我们在讨论某一位患者的成长过程后，发现他在五岁到八岁期间可能还无法控制自己的脾气，但之后却会变得乖巧懂事。不过，敌对情绪的产生也是随机的，导致这一状况的原因各不相同，因此，成年之后的成长过程也很有可能会影响患者的攻击性倾向。换句话说，谦逊温和的人存在被人支配和欺压的可能，一旦我们对他人的依赖性变强，自身就会变得懦弱。不过，这只是一个浅易的观点，在这里就不详细论述了，以免答非所问。因此，我们只有尽力满足患者对感情和称赞的需要，才能够让患者感受到自己没有被回绝、被忽视、被侮辱。

"压抑"这一术语，弗洛伊德在其理论中就曾解释过，这里我所说的情感、驱力和心态等被"压抑"，采用的就是弗洛伊德的解释。他认为，压抑现实存在，但是患者很难意识到，他们根本不想让任何人发现和压抑相关的因素，这里所说的任何人甚至包括他们自己。因此，研究任何一种压抑，我们都会发现：患者竟然压制着内心的某种驱力，这是为什么呢？通过观察顺从型人格的案例，我们能够发现很多不同的结果，但是如果想要完全搞清楚这些案例，我们必须先认真讨论理想化形象和凌虐的倾向。此外，在患者的意识中，任何人都应当批判攻击性行为和自主行为，就像自己一样，因为这些行为都是自私自利的。通过他人的称赞，他找回了自尊，所以他根本无法接受他人的批评。

如果压抑那些带有认同、报仇或者雄心的情感和冲动，必定会出现其他的作用，这可以作为神经症患者解决冲突的一种尝试办法，这是他们为了达到统一、完美和整体的感受而进行的一种努力。如果个体被对立的驱力影响，很难获得正常的生活，换言之，他们需要完整的人格来保持生活的常态，没有人会希望自己人格分裂，每个人都希望自己人格完整，这一点无可厚非。神经症患者通常会试图重组人格，将一种倾向逼迫到核心的位置，从而压制其他倾向，这是他们无意识解决冲突的重要方式。

因此，我们能够意识到患者有意压抑攻击性冲动是为了达到两个效果，一方面避免其干扰自己的生活习惯，另一方面则阻止其揭露虚伪的整体性。而患者压抑的程度一般和攻击性的强度成正相关，当攻击性的破坏力强度越大时，患者的压抑程度就越强。患者会接受任何人的请求，表现出喜爱所有人的样子。他们努力削弱自己的存在感，甚至愿意躲藏起来，因为他们希望尽力隐藏自己的欲望，以免被人发现。换言之，一旦患者的冲动型和强迫性力度增强，他们表现出来的顺从和奉迎倾向也会增强。

但是，在神经症结构的方式中总会将压抑的冲动表达出来，患者无法阻止其发挥作用，那些无意识的努力毫无作用。患者一般会先诉说自己的悲惨遭遇，然后再提出某些请求，或者会先向对方表达爱慕之情，然后再企图控制他人。患者有时候也会因为一点小事而气愤暴怒，这是因为他们的敌对情绪压抑积累到了一个临界点，无法再掌控了，显然，这种状况和患者要求的温顺随和并不相同。在患者的眼中，他对别人提出的要求既不是自私的表现，也没有很过分，那么，只有自己受到了不公的待遇才能解释现状，这一点，患者是无法忍受的。因此，他并不认为自己错了。一旦到了无法忍受的地步，患者就无法继续压抑敌对的情绪了，只能全面爆发，有时甚至会出现头痛、胃不舒服等生理上的功能性障碍。

所以，大多情况下，顺从型的念头存在很多相似之处。例如，他做人低调，这可能是为了营造和谐的共处氛围，避免冲突，但也有可能是一种压制自我的方式；他对别人贪图小利的行为视而不见，这可能是他善良和顺从的表达方式，也可能是为了掩盖利用他人的真实目的，防止他人察觉。想要克服神经症的服从倾向，我们必须按照合适的顺序，剖析冲突的双方。在一些陈旧的精神分析刊物中，我们会看到一种传统的观点，它认为精神分析的实质就是"释放攻击性驱力"。这说明当时的人们并不清楚神经症结构有多么复杂，存在多少不同的表现方式。当然，我们不能武断地否定这一观点的正确性，但不可否认它只适用于一些个例，且在这些个例中，它的正确性也是微乎其微的。患者的确需要释放攻击性内驱力，但是在这个过程中如果想要保护好自己，必须放弃将"释放"作为终极目标。患者想要实现人格重组，就必须继续剖析冲突。

需要强调的是，顺从型人格中爱情和欲望之类的因素也会产生作用。在患者的眼中，爱情是单一、无趣、孤独生活的调味品，因此，他所有的全部价值都在于追寻爱情。但在这种机制的追求中，爱情似乎成了泡沫，这是弗里茨·威特尔斯对强制性追求的描述，我认为这一说法再恰当不过了。人、美景、职业、休闲、趣味爱好等一旦少了爱情的点缀，都会成为无趣的东西。现代生活中，大多数人将对爱情的沉醉视为女性的专利，因为这一点在女性身上更具有代表性，发生的概率也更大。但实际上，这种沉醉和性别不存在因果关系，它只是冲动性的强制性内驱力的表现，是神经症的症状之一。

"患者如此疯狂,自有其原因",这句话足以解释患者为什么如此重视爱情,这是我们观察顺从型人格结构得到的结论。他自身存在的对立的神经症倾向,使得爱情成了他神经症需要的一部分。这种行为能够满足其希望得到他人喜爱的愿望,也能够实现其掌控别人(愚弄爱情)的愿望,甚至能够满足他掩盖自我或者表现自我(愚弄他人时毫无保留地付出)的愿望。此外,这使他在释放全部攻击性内驱力时,有一个更加恰当、纯粹甚至受人欢迎的理由,且这一方式能够让他表现出自己被众人喜欢的品德。同时,因为他并不清楚其苦难和困惑都是内心的冲突造成的,所以总会将爱情当作救命的稻草,只要获得了爱情,一切都会有所好转。如果将这一想法放在我们的身上,就会十分荒诞,但是患者的这种逻辑思维是一种无意识的举动,我们应当理解:"我是如此脆弱的一个人,面对充满敌对和危险的世界,我怎么可能自己生存呢?这太不可思议了。因此,我需要一个爱我的人(他或者她)守护我,帮助我躲避风险。有了他的包容,我想要的一切都不再是问题,或许根本不需要我开口解释什么,不需要我努力奋斗,这一切都会属于我。从这个角度来说,懦弱在我身上并不是一个缺陷,因为他可以成为我的依靠。我有了他的爱,虽然我对一切都毫无兴趣,但是因为有了他,我会对一切充满激情,因为这都是他对我的要求。"

他通过严密的逻辑建构自己的推论和思维,条理清楚。但在这一过程中,无意识的行动占据很重要的地位,只有一部分是他通过考虑和感受获得的。他内心的真实想法是:"独处时,我处于绝境中,周围全部都是焦虑的情绪,况且如果某种经历是没有人分享的,那么这还有什么意思呢?因此,独处无异于苦难。周六的晚上,我会详细规划,绝不独处,当然,这并不是因为我失去了独处的能力。我依然可以自己欣赏一部电影或者阅读一本书,但是这样会给他人留下不受喜爱的印象,这太没面子了。在任何情况下,我都不希望独处。只要我找到了爱情,我就不会再独处了,就会彻底摆脱这种苦难。有了爱人的陪伴,做早饭、工作、欣赏日落这些无趣的事情都会变得很有意思。"

患者甚至会有这样的想法:"我没有自信,在势力、气质和天资上都不如他人,即便是认真完成某项工作后,也没有成就感,因为我觉得即使再给我一次机会,我也未必能够很好地完成。但凡有人完全了解了我,一定不会喜欢满是缺点的我。只有我找到一个发自内心喜爱我、珍视我的人,我才有可能高人一等。"这使爱情像是桃源仙境般具有诱惑力，也正是因为如此，人们抓住爱情就像是抓住了救命的稻草，而不愿意从本质上改变自我，因为相比之下，这个过程太痛苦了。

生理欲望在这种状况中就不仅仅是生物性功能了，它更代表了他人对自我的需求。顺从型患者越是表现得冷淡（惧怕真情流露），惧怕被爱，越可能使性行为成为爱情的替代品。就像他高估爱情的价值一样，他把性行为作为解决所有冲突的有效方式，甚至认为性行为是唯一的可以建立亲密关系的办法。

实际上，顺从型患者对待生活的态度决定了他们对爱情的美好憧憬，想要认识到这一点并不难，只要我们既不把抬高爱情的地位当作一种常态，也不把爱情作为"神经症"的标志，这是两种我们必须尽力避免的与爱相关的极端观点。在研究神经症症状的过程中，我们经常会看到这种现象：患者的论述无论是有意识还是无意识的，都十分完整，几乎不存在缺陷，但有一个共同点，就是这些观点全部建立在错误的基础上。我这么说是有依据的，因为患者在进行论述的时候，完全忽视了神经症冲突，换言之，他完全忽视了攻击性倾向，甚至忽视了摧毁性倾向，有时候还会把自己对于感情等东西的需要当成是爱的能力。他总是试图在不改变冲突的情况下，清除冲突带来的恶劣影响，这必然导致努力的失败。在此，我要多说一些将爱情当作解决方式的状况，这类顺从型患者在一定程度上能够减少自身的痛苦，也有可能找到属于自己的幸福，但这要求他们必须碰到一个内心强大、可以容纳他的伙伴，或者是一个互补的神经症伙伴。但现实情况大多不能如愿，发生概率更高的是这种方式摧毁了一段关系，因为他们在进入一段关系的时候，携带着冲突，他试图在人世间寻找仙境，必然会陷入苦难。想要继续生活，他必然从根源上解决冲突，不然，即便他凭借一段关系减少了自身的痛苦，也无法避免长期伴随自身的健康问题。

第四章 抵触他人

"抵触他人"是基本冲突的第二个类型,对于这一类型的讨论,我们会延续之前的方法,通过观察那些攻击性倾向占据核心地位的类型,来谈论"抵触他人"的倾向。

顺从型患者坚信"人性本善",但现实却一次次证明了他的错误,打击着他。而对抗型患者则认为所有人都对其心怀叵测,即便他们发现现实并非如此,也不愿意承认错误。在他们的眼中,生活中的每一个人唯一的目的就是保护自我,即便他们承认存在小部分人不是这样,也认为这一部分人是迫不得已的。从外在表现上看,我们能够看到一个懂礼貌、一身正气的友善的人，但是这种表现实际上是虚伪、真情实感和神经症倾向混杂后的结果，我们可以将其看作是阴谋家的缓兵之计，当然，他是有自己的看法的，但大多情况下他都会隐藏这种看法，很少明确表达出来。当他发现大家其实都很重视他之后，就希望每个人都能把自己看成是一个好人，实现自己的心愿。这其中包含着他对情感和称赞的神经症需要，但是为了实现攻击性的目的。顺从型患者是不需要这种表现的，因为他的价值观和社会与宗教认可的道德标准同步。

众所周知，顺从型患者带有强迫性，其实对抗型患者也具有这一特征。只是有一个前提条件，就是他们的强迫性是在焦虑中产生的。我们需要强调的是，人们都承认顺从型患者表现出了明显的害怕，但是对抗型患者从没有让害怕直接表现出来。在对抗型患者的眼中，事情没有不困难的，区别仅仅在于看似困难，或者真正困难，或者越来越困难。

他认为，生活的世界就像是一个格斗场，只有明白达尔文"物竞天择，适者生存"的生物理论，才能够保护好自己，所以他有一些需要。文明的类型决定了我们是否具备生存下去的可能，但是，无论是什么文明，都摆脱不了优先考虑自身利益的生存法则。因此，掌控他人是对抗型患者的基本需要，他们也许会直接运用手中的权力达到这一目的，也许会采取迂回的方式，通过关爱照顾他人，或者想方设法让对方认为自己有义务被他掌控，总之，实现目的的方法很多。但是，他更倾向于躲藏在事情的背后，做一个操纵者。这是他综合天资和种种冲突倾向之后选择的手段。例如，一个有疏远倾向的神经症患者，只要他真的希望和他人保持距离，为了防止和他人亲密接触，一般会选择间接控制他人而不是直接控制的手段，他更倾向于以此获得他人的青睐；如果他企图隐藏在幕后，成为一个暗地里的操纵者，那么，为了达到目的，他一定会利用他人，这很可能使他表现出虐待的趋势。

　　同时，他希望获得高于他人的地位，或者得到他人的认同，但实现这一目的是通过胜利，还是通过名誉，或者其他的方式，都没有区别。在激烈竞争的社会中，伴随着胜利和名誉的是权力，因此，我们不妨说他费尽心机希望得到的就是权力。通过奋斗，患者最终获得的不仅是高于他人的地位，不仅是他人的认可和称赞，更是主观上的一种力量。对抗型患者和顺从型患者的相同点在于他们并不是很重视自我，只是他们在终极目标上存在一些差异。顺从型患者和对抗型患者都希望得到认同，但其实这没有任何价值，只要我们对心理学有所了解，就不会惊讶于那些功成名就的人依然缺乏安全感，只有那些把胜利和名誉作为评判标准的人才会有这种困惑。

对抗型患者希望能够利用他人、压倒他人，希望他人对自己有利，这可以说是他们的需要。面对财富、名誉、人际交往、创新等场合和关系，他们只会想到"我从中能够获得什么"。在患者眼中，这是所有人的想法，只是这种想法对于患者而言是无意识或者有意识的，因此与他人相比，他有过之而无不及，这是他们最重视的。而在性格上，对抗型患者会表现出一种严厉强硬的态度，和顺从型患者截然不同。在他眼中，无论是自我情感，还是他人情感，都是空虚寂寞的表现，爱情可有可无。当然，这并不妨碍他恋爱、和异性发生关系或者走进婚姻，但是他需要找到一个让自己满意的伴侣，一个能够提升自身气质、社会地位或者经济地位的伴侣，这才是他最关心的，也是他最想要得到的。至于讨论到"关爱他人"的话题，他会感到疑惑："关爱他人？这不应该是他们自己的事情吗？他们没有这个能力吗？我有什么理由关爱他人呢?"也就是说,他完全不理解这样做的意义。如果两个人在同一只小船上,但是只有一个人能生存,应该怎么做呢?这是伦理学中一个古老的问题。如果让他选,他一定会选择自己,因为会放弃自己的人不是白痴就是太过虚伪。当然,他也会感到害怕,只是会尽力压制,绝不会让他人看出来。例如,他会因为恐惧夜晚盗贼进入,强制自己晚上独自待在空房间里;他会因为害怕骑马,强制自己一直骑马直到不再害怕;他会因为害怕蛇,强迫自己常常从藏有很多蛇的沼泽地路过。

  对抗型患者和顺从型患者有所区别,他们不喜欢奉迎他人,而是想要成为一名战斗者,想要为此奋斗终生。他总是认为自己没有错,尤其是在陷入窘境不得不拼死一搏的时候,他更会觉得应该展现出全部的力量,每次和人争论,他都会尽力表现出自己的聪明和智慧。对抗型患者只能接受成功,绝不接受失败,他已经想好了推脱责任的理由,这一点和顺从型患者是完全相反的。顺从型患者不敢追求成功,遇到问题总会自己承担所有责任。两者对待失误的态度大不相同,但两者都不会认为自己错了:顺从型患者是为了奉迎他人才承认错误的,实际上他并没有意识到自己的错误;对抗型患者推脱责任的目的只是为了证明自己是对的，但他并不能确信对方就是错的，就像是一支军队在展开激烈的攻击前会先找到一个安全阵营。他绝不会承认无关紧要的错误，因为在他眼中，这是愚昧脆弱的表现，而他并不想把这一面展现给众人。

他永远保持着敏锐的"现实主义"思维，让人感觉他时刻准备着和这个危机四伏的世界战斗到底。他明白他人的雄心、懒惰、愚昧等表现会成为自己达到目的的障碍，他不可能忽略这些东西，他还没那么天真。他认为，自己除了现实点之外，没有任何差错，但这并不应该被责难，因为在竞争激烈的文明中，我们很难找到刚正不阿的人，现实是大多数人的选择。和顺从型人格类似，这种性格也称不上完美。他极度重视谋划和未来，这是他现实世界观的另一种表现。在任何时候，他都会以卓越的战略家的身份分析自己获得成功的概率，分析对方的实力和在成功道路上可能碰到的困难，他认为这是必须进行的一项工作，是一个专业战略家应当具备的素养。

他从未放弃过提高自己的实力和智慧，因为他需要证明自己的强壮和睿智，他需要得到所有人的认可，他就是这样一个人。他工作积极，认真负责，长此以往，他一定会成为一位优秀的员工，或者在事业上有所成就，但他这么做的目的仅仅是为了实现自己的野心，也就是说，这种做法存在虚伪的成分。他对工作的态度其实和对感情是一样的，他并不喜欢，完全无法从中获得乐趣。这与抵触感情是类似的，拒绝感情可以达到两方面的目的。一方面，他全部的注意力都在胜利上，拒绝感情不过是避免冲动的缓兵之计，因为冲动的情感很有可能会减少获得成功的概率，也很可能会让他对成功路上不择手段的方式感到恐惧，还可能会使他的注意力从职业和有利于他的人身上转移到自然、文化或朋友身上，但如果拒绝感情，那么，他就会永远像一个电量满格的机器，不停工作，不停制造出争取权力和欲望的产品。

对抗型患者会直接说出自己的心愿、指令或者气愤，即便只是自卫，他也会选择表达出来，而不是隐忍。换言之，从表面现象出发，患者绝不会压制自己。但如果将其真实情况和顺从型患者进行比较，这种压抑感并没有减少。我们难以一眼看穿他的压制，是因为他的压制已经影响到了他的交友、恋爱、情感表达、怜悯表达和享受的能力，在他眼中，甚至连忘我的享受都是虚度光阴，换句话说，他的压制已经完全成了情感的一部分，这是我们没有一眼看穿的主要原因，看不穿并不能证明我们愚昧。

从他的观点出发，我们会发现所有的事情都是合理的。他认为自己内心坚强、诚恳、现实，在他眼中，冷漠无情是内心坚强的表现，无视他人是诚恳的表现，为达目的不择手段是现实的反映。从他的观点出发，他对自我心理进行的分析没有任何问题。此外，他总是能够一句话戳穿他人的伪装，这更加让他认为自己是一个诚恳的人。他总是自以为能够轻易揭开社会意识和宗教品德的面纱，因为对事业所有的热情和大爱都是虚伪的。他眼中的生存法则就是强者生存，弱者淘汰，强权就代表着真理。在他眼中，每个人都是一匹狼，人不应该拥有善良和仁爱。

对抗型患者不仅拒绝发自内心的拥护和善良，也拒绝对这两者的奉迎和顺从，但这并不表示他不清楚两者之间的差别，他只是有自己的想法而已。他坚信不能完全剖析与自我相关的事情，这只会损害自身的利益。因此，他总是积极结交那些影响力巨大的善人，并给予足够的尊重。在他眼中，这两种态度都是生存法则的障碍。

他为什么会对温情拒之千里呢？他为什么会反感他人对

情感采取的行动呢？他为什么会蔑视那些在不恰当的场合表达怜悯的人呢？实际上，只要攻击性的倾向有所缓解，精神分析师在进行分析时很容易看到这种状况，且将这一行为放在患者身上是完全合理的，患者不愿意看到乞讨者的残酷命运，便赶走了乞讨者，他用荒唐的借口回绝乞讨者提出的任何请求，有时甚至会不顾形象地辱骂乞讨者。他对"温顺"的人十分纠结，这是一种矛盾复杂的情感，一方面，他鄙视"温顺"的人，但同时"温顺"的人也使他可以毫无顾忌地追求自己的目标，没有任何后顾之忧，所以他也很喜欢这类人。那么，他为什么被顺从型患者吸引呢？就像顺从型患者被他吸引一样。尼采曾准确解释了这种现象：无论怜悯表现为何种形态，他都会命令他的超人将其视为他人的卧底，也就是"第五纵队"。在对抗型患者的眼中，"温顺"就是真诚的喜爱、怜悯或同类感情；在顺从型患者的眼中，"温顺"正是他们的需要、感情和行动的原则包含的因素。如同面对乞讨者一样，对抗型患者内心真的对乞讨者充满了怜悯，他希望能够真正帮助乞讨者解决困难，但内心另一个强烈的声音要求他放弃这种想法。最终使得他不仅没有伸出援手，甚至还加以侮辱。

对于如何满足不一样的驱力的愿望，顺从型患者的办法是爱，而对抗型患者的办法是认同。被认同有很多好处，一方面可以让他得到自我肯定，这正是他梦寐以求的；另一方面有助于他吸引别人和别人吸引他，这一点对他也充满了吸引力。看起来，只要得到认同，他的一切冲突都能解决，所以它就是他的补救幻想。

在这里，我们就不详细谈论对抗型患者的挣扎了，因为它从内在逻辑上来说与顺从型患者是一样的。攻击性建立起的生活方式，与同情行为背道而驰，与那些不得不做而只是为了表达"友善"的行为也是背道而驰的，与所有的服从态度也背道而驰。而且，对于攻击性来说，这些还会对他自信的基础造成破坏。况且，经由他进行设计的统一局面也会被这些对立倾向破坏，因为在这样的情况下，他不得不直面自己的基本冲突。其最终结果，就是温顺倾向受到压抑，对抗型倾向和强制性却得到了强化。

在对已经讨论过的这两种类型有了清晰的认知之后，我们就会发现，这两种类型是截然相反的：这一方喜欢的，另一方一定会讨厌；这一方的朋友，是另一方的潜在敌人；虽然双方都会在面临问题时甘愿付出一切，但是一方是在尽力逃避，另一方是主动对抗；面对恐惧感和无力感，一方是紧抓着不放，另一方一般会想方设法松手；神经症患者一方面拥有大爱的梦想，一方面坚持强者生存的理念。这是内心做出的选择，具有一定程度的强迫性，因此，双方都没有自己选择过表现形式，他们也没有这种权力。

在本书中，我们已经谈论了两种类型，我已经做好了继续讨论的准备。我们已经清楚了基本冲突的内涵，对于冲突的双方在不同类型中占据核心地位的趋势也有所了解。接下来，我们会寻找并描述一个被两种敌对态度和价值体系共同作用的人。很明显，在两种方向相反，且力量相当的作用力下，这种人很难有任何行为。他能考虑到的解决方案只能是彻底清除某种驱力，使自己成为另一个类型的人。

荣格认为，这种状况是片面的发展不充分，但这只是一个看起来正确的观点。因为荣格的理论内容本身就存在错误，其建立在错误的驱力含义上。荣格认为，精神分析师在分析的过程中需要帮助患者接受自己的敌对方，这本就是站在片面的理论上提出的观点。试问：患者能够接受对立面吗？显然不现实，患者有能力达到的仅仅是发现存在对立面。对于荣格试图采用这种办法来重组患者人格的想法，我们只能说：这一步在患者重组人格的过程中确实需要，但是它只能解决患者一直想要逃避的冲突。荣格并没有正确认识神经症倾向的强迫性，这是实质性的特征。在荣格看来，"靠近他人"和"抵触他人"的区别无非是性别差异导致的，当然这并不全面，至少还应当有强者和弱者的区别，但即便加上这一点，这种看法也不够全面。在每个人的身上都存在顺从和对抗两种趋势，只是人们掩盖得很好。一个人如果自己努力，即便没有强迫性内驱力的影响，也可以将其人格重组发展到一定阶段。在我们的成长过程中，一旦这两种趋势都靠近了神经症，我们就一定会受到负面影响。将两件坏事组合就可以转化成好事吗？答案是否定的。同理，期待两种彼此矛盾的冲突形成一个完整的个体，并和睦相处，也是不现实的。

第五章 回避他人

基本冲突的第三种是疏远的需要,也叫作"回避他人"的需要。只有先了解神经症的自我疏远,才能够继续研究这种需要。有时候希望独处的想法并不能归结为神经症的自我疏远,只要是一个对自我和生活负责的人都会有独处的需要,这一点不需要多说。现在的我们对独处的需要很模糊,因为我们的生活中大部分都是社会生活,几乎没有自己的时间,但独处确实有利于提升自我价值,历史上的各个哲学与宗教都曾强调过这一点。难以进行有价值的独处是神经症患者的一个特点,因为大多神经症患者都难以走进自己的心里，他们对有价值的独处毫无欲望，提不起任何兴趣。那么，在什么情况下，神经症患者会产生独处的想法呢？一般这种情况出现在他与他人相处的过程中，如果出现了难以忍受的紧张情绪，他就会有独处的想法。

很多极度不合群的人身上具有一些明显的典型特征，这使很多精神科的医生认为这就是自我疏离型患者具有的重要特征。患者反复强调自己不想靠近任何人，这是最鲜明的特征，也是让我们最好奇的一点。但从现实情况来看，患者对他人的疏远和其他类型的神经症患者是类似的。例如，我们之前详细讨论过的两种类型的神经症患者究竟哪一种离他人更远呢？我们不得而知，但是我们却十分清楚，顺从型神经症患者掩盖了自己回避他人的特征，他的特征之一就是需要靠近他人，所以他难以相信自己竟然和他人保持着一定的距离，因此只要他发现自己和他人有距离，就会震惊甚至恐惧。实际上，无论是哪一类型的神经症患者，回避他人只是人际交往失衡的一种表现，至于疏远的程度究竟有多大，并不会因为神经症的类型不同而有所不同，失衡的程度才是决定类型的关键。

疏离型人格具备的另一个特点是疏远自我，这几乎是所有神经症患者具有的症状，他们对感情的感知力较低，对自己的定位不明确，完全不知道自己想要的是什么，害怕的是什么、相信什么、厌恶什么、爱什么、恨什么，根本无法确定。神经症患者最终都会完全和自我失联，就像是一架遥控飞机。疏离型神经症患者就像是海地传说中使用巫术复活的尸体，他们重生之后成了僵尸，他们没有生命，却能够和活人一样生活、工作。与疏离型神经症患者相比，其他类型的神经病患者的感情生活会比较丰富。在各种各样的类型中，我们没有理由断定疏远自我仅仅出现在孤单的类型中。一切喜欢独处的人，都具备这样一种能力：他们能够带着客观的爱好观察自我，就像是观察一件艺术品一样，这也是他们的共同之处。也许换一种说法更准确：他们用"局外人"的眼光来审视自我、审视生活，因此，他们能够有效观察自己的内心世界。他们经常用超凡的理解力解读梦境中的象征，就是最好的证明。

　　最关键的是，他们发自真心地希望能够和他人在情感上保持一定的距离。准确地说，他们和他人正常交往的情况仅仅维持在表面，从内心而言，他们早已决定不会和他人产生任何情感关联，无论是爱、争斗、协作还是竞争，他们就像是在自己身边画了一道不可能进入的"魔法圈"。一旦外部环境进入了这个圈子,他们就会因为需要强制性特征感到忧心忡忡。

他们的全部需求和研习的品质都是为了能够"不参加",这是他们的直接目的。自力更生的需要,成了他们最典型的特征之一,这种需要往往给人一种老奸巨猾的感觉。对抗型患者也会表现出老奸巨猾的特征,但是两者的风格却截然不同:在对抗型患者的眼中,老奸巨猾是为了能够在这个充满"敌对"的世界中艰难地前行,具备与他人竞争获胜的能力;疏离型患者的老奸巨猾则更像是鲁滨孙,他需要用老奸巨猾的方式来填满自己的孤独,只有这样才能够生存。

现在,患者有意识或者无意识地出现了一种新的自力更生的方式,其目的是约束自我,只是这种方式更不可靠。患者为了不影响自己回避他人的状态,尽量避免和任何人或事关系过近,这样他们才能够随时离开他或者她。患者会尽可能地不理睬他人,这是他们隐藏起来的原则,我们只有理解了这一点,才能明白这种自力更生的不可靠的方式产生的原因。例如,一个人在疏远自我之后,会发自内心地感受到快乐,但是他不希望这种快乐是他人带来的;他讨厌人际交往，但有时也会和几个好朋友度过一个美好的夜晚；他躲避斗争、生育和胜利；他为自己的饮食和生活习惯制定了一个标准，这样能够控制开支，也能够防止自己随意浪费时间和精力；他最讨厌生病，因为生病意味着他需要他人的照顾，这会让他感到羞耻；他更愿意相信自己眼睛看到的、耳朵听到的，因此，他会坚持亲自学习理解一些知识，而不是道听途说；这种心态对于独立性格的养成确实至关重要，但我们却不能放任其发展到极端的程度（例如，从不向他人问路，即便在陌生的地方）。

　　疏离型患者的另一个显著需要是隐藏。他总是保持自身的一种神秘感，如果他是一个房客，那么，他一定会在门上一直挂着"请勿打扰"的牌子，即便是书籍在他眼里也可能成为侵略者。一旦有人对他的私生活好奇，他会非常惊讶。我曾遇到过这样一位患者，在他很小的时候，妈妈告诉他，上帝会通过窗户看到他咬手指，现在，他已经四十五岁了，依然厌恶万能的上帝。他不愿意谈及任何和生活相关的事情，即便只是一些生活的琐碎细节。

　　回避他人的人总会认为自己是不一样的，因此应当获得他人特殊的待遇，一旦他发现自己没有这种待遇，就会产生被无视的感觉，情绪会非常愤怒。一般而言，他希望独自吃饭、睡觉、工作，不想和他人分享经验，因为他希望不被人打扰，希望独处。甚至有时候他从欣赏音乐、漫步或者和他人交谈中感受到的快乐，都不是当时的感受，而是回想起来时才感觉到的，这和顺从型人格截然不同。

绝对自由是他最真实的需要，自力更生和保护隐私都服务于这一需要。他认为绝对的自由有着重要的意义。在这种信念的支撑下，即便他有一些缺点，也绝不会像机器人一样任人摆布，这确实体现出了自由的意义；他对他人绝不盲从，不参加任何斗争，这使他的形象更加正直。但是，他把自由当成了一种目的，这显然是有问题的，因为他忽视了"自由最终的意义在于为你服务"。他所谓的自由只是脱离大众的一个现象，因为疏远大众就可以不受影响，不受管制和约束，可以不承担义务，从这一角度来说，这种自由的目的并不积极。

疏离型患者需要自由的表现和其他类型的神经症患者相似，也表现出了强迫性和盲目性，具体而言，患者对与强制、作用和义务相关的事物感觉非常敏锐，敏锐的程度同时决定了患者疏远自我的程度。每个人对于压迫的感受是不同的，例如衣领、领带、腰带、鞋子等约束可能会给人造成生理上的压迫感；患者的视线受到影响后，会感到有压迫感，例如，患者在隧道或者矿井中，情绪会更加焦虑，这虽然不能完全解释这部分患者为什么会患有幽暗恐惧症，但也让我们发现了一些线索。对于此类患者而言，结婚实在是太恐怖了，因为婚姻意味着他需要和他人发生极为亲密的关系，无论什么情况下，结婚都会让疏远自我的人感到危险逼近，因此，患者尽力逃避这一行为。另外，患者同样也会逃避签订合同或者是长达一年以上的租约，因为他们无法忍受长期履行某种义务。如果在婚姻中，患者能够确信自己处于被保护的位置，确信另一半可以满足自己的任何需要，他对婚姻的恐惧感就会相对减小。时光无情飞逝，这对患者而言也会造成压迫感，为了保证绝对的自由，他会做出一些反应。比如，每天上班迟到五分钟；火车时刻表也会给患者带来压迫感。在自我疏离型患者中，我看到过这样一个人：他坐火车从来不关注列车时刻表，也不在乎是否赶得上火车。他的心态一直都是，赶不上就坐下一趟，每次去火车站的时间都随心情而定。他拒绝按照他人的想法或者是制定的规矩做事，一旦有这种感觉，无论是真实存在还是自己幻想出来的，他都会强烈反抗。例如，在生活中，他喜欢送给别人一些小礼物，但是如果有人提出想要生日礼物或者圣诞礼物，他反而记不住。他不想遵循实践过程中形成的做事原则和代代相传的价值体系。实际上，他厌恶一切原则和标准，他从表面上遵守这些不过是为了防止发生冲突。他拒绝任何人的掌控，即便是他人提出的建议和自己内心的想法是一致的，他也会选择拒绝，因为这会让他产生被控制的感觉。这可能是因为他一直有战胜他人的想法，无论这是有意识还是无意识的行为，都已经形成了。

疏离型神经症对优越感的需求更加强烈，虽然每种神经症都有这一需要，但都没有这一类型强烈，因为两者存在密切的联系。我们常说的"象牙塔"和"洁身自好"等词语，就是最好的证明，甚至有人把优越感看成了疏远人群的原因。临床实验表明，能够独处的人，一般内心世界都十分坚强丰富，且十分重视自我。当然，自我疏离型患者也有难以忍受独处的情况，他们会不顾一切地追求被喜爱、被呵护，这一般是因为他们内心的优越感暂时消失了（其原因可能是现实的失利或者内心冲突的强化）。在人生当中，这种情况时有发生，在患者十岁或者是二十岁左右时，会出现一些淡淡的友情，但是这并不会影响他的孤独和自由。他想象着能够功成名就，幻想着今后的辉煌，但在现实面前，一切都显得如此脆弱。在高中时期，他的成绩还是名列前茅，但到了大学，他却因为遇到了更加激烈的竞争，成绩一直下滑。当年龄越来越大，当他第一次失恋后，他开始意识到原来理想和自己这么遥远，他无法忍受脱离群体的孤独了。在强迫性内驱力的作用下，他希望自己能够和他人拥有亲密的关系，希望能够有新的恋情并步入婚姻的殿堂。即便在被爱的时候有些勉强也毫无怨言。如果这种类型的患者出现了显著的孤独状况，并希望接受分析治疗，此时他的目的并不是要真的接受治疗，他也无法接受，只是希望医生能够帮助他找到某种形式的爱。只有在他自我感觉足够坚强的时候，他才会愿意独处，享受独处带来的轻松愉悦。在他人眼中，他再次退回了自己的世界中，就像是犯病了一样，其实只有在这个时候他才能自信地对全世界说，我就是想要独处，我完全可以独处。这是医生疏导疏远自我型患者的最佳时机。

疏远自我的患者对优越感有着特殊的需要。在他们心中，他人能够轻易看到自己潜藏的优秀品质，这根本不需要自身的努力表现，即便是那些隐藏起来的品质，即便他不去特意展现,也会很容易被人发现,他不会拼尽全力战胜他人,因为他厌恶竞争。例如,他的梦境中可能会有一个藏着大量财富的小村庄,专业人士即便距离遥远,也会为了一睹财富的光辉而不远千里赶来。这其中存在的优越感和其他方面是一样的,存在着一些真实因素:那些潜藏的财富就像是他用魔法圈守护的理性与情感生活。

和他人之间的距离使得他总认为自己是独特的,这是表现优越感的另一种方式。他把自己当成是一棵大树,一棵长在山顶的大树,因为森林中的树木相互竞争,难以更好地成长。对于同伴,顺从型患者内心的第一反应是:"他会喜欢我吗?"而对抗型患者的第一反应则是:"他的能力如何?"或者:"他能带给我什么呢?"疏远自我型的人更想知道:"他会打扰我的生活吗?他是希望我独处呢,还是想要对我产生一定的影响呢?"这一点在皮尔·金特的身上十分明显。他是易卜生著作《皮尔·金特》中的主人公,作者在其中运用象征性的手法描绘了主人公与纽扣铸造机邂逅的故事,完美地展现出了疏远自我型患者在进入人群之后的恐惧心理。他处于"地狱"中布置最好的房间,但他还是会担心自己被扔进熔炉中,被铸造成某种形状或者是被转变成其他的形状。他把自己当成是一个独特的东方地毯，无论是图案还是颜色都是最特别的，都是极为珍贵的，这一点是不可能改变的。当周围的环境不断变化的时候，他并没有受到影响，在他看来，这是值得自豪的，他告诉自己一定要坚持下去。在他的眼中，任何类型的神经症具有的不懂变通的特性，都成了一种不可冒犯的原则，这是令人尊敬的，他喜欢一成不变的东西，他拒绝接受任何新兴事物，只是一直坚持完善自己的图案，让其变得更加纯粹清楚。皮尔·金特曾说："只要能够坚持自我，就完全足够了！"这是一种多么荒诞的言论啊！

　　面对情感生活，顺从型患者渴望被人喜欢、与人亲近，渴望得到爱，对抗型患者渴望存在、控制和胜利，两者在这一方面的目标还算积极，因此他们的情感生活模式固定，而疏远自我的人在情感生活上的态度不免有些消极，他们不希望自己陷入情感，也不希望他人参与自己的情感，不希望有人打扰、影响自己的生活，所以这种个体之间的差异相对较大。只有在否定性的框架之下，他的情感才能够存在发展，并演变成一种特别的欲望，只有这样，疏远自我型的患者才能够产生一些极少的共性。

疏远自我型的患者选择压制全部的情感，甚至否认情感的现实存在，这是他们总体的特征。接下来，我需要用安娜·玛利亚·艾尔米小说中的一个片段，虽然这本小说并没有发表。因为这段文字简明扼要地表现出了自我疏离型患者的这种特征，同时还表现出了他们一些其他的显著特征。在回忆青春的时候，主人公这样说："我感觉强烈的生理关系和精神关系同时存在，那种强烈的生理关系就像是我和我父亲之间的血缘关系一样，而那种强烈的精神关系就像是我和我敬佩的人的精神关系一样。但是我并没有意识到这其中存在感情，虽然人们都提醒我是有感情的，但我对感情并没有什么概念，我想他们在说谎，就像对于任何事情撒谎一样。对于我的说法，B女士十分惊讶，她问我：'那你是如何理解牺牲自我的呢？'她的问题让我惊讶，这句话到底是不是真的呢？经过思考，我认为，自我牺牲其实就是一个谎言，或者是一个生理行为或者精神行为。那时候，我从未想过婚姻，我希望自己能够一直独处下去，在这一过程中更加坚强安静。我不想再沉迷于幻想中，我渴望通过努力更明白生活、更加自由。我认为，只要我们活着就好了，至于是善良或者邪恶，有没有道德都无所谓，这些没有任何意义。那些想要获得他人怜悯和救助的人才是最大的罪过。灵魂更像是一座神庙,在这里的一些形式只有祭祀和守卫才能够明白,我们必须全力守护。"

沙利文的"距离效应"说明,人会排斥与他人之间和爱恨情感,是因为人需要和他人在情感上保持一定的距离,人和他人之间的关系,也正是因为这种激烈的爱恨关系更进一步或者更加疏远。当人际关系之外的情感在受到压制后,会在书本、动物、自然、艺术、饮食等方面更加强烈,但是这只是一些特殊的情况。一个情感丰富的人,单纯地想要压制某一部分最重要的情感是不可能的,他只能压制所有的情感。上述现象,多为我的推断猜测,但是接下来我要说的,却是现实存在的事情。那些疏远自我的艺术家,在年轻的时候都曾有对感情没有兴趣或者是厌恶情感的经历,和前面引用的内容相似,他们在艺术创作领域中,总能产生更深刻的见解,并把真实的感受通过作品传递出来。他们在创作之前,通常都有与他人建立亲密关系的失败经历,之后,他们开始和众人保持距离,开始有意识或者无意识地选择独处。现在,他们想要表达或者发泄那些和人际交往不存在直接关系的情感时,不需要和他人保持亲密的关系。这说明,导致疏远自我状况的是开始的自我抵触。

在研究自力更生的时候，我们就曾谈及导致人们压抑与人际交往无关的情感的原因，只要能够让自我疏离型患者产生依赖的想法，或者引起他们的兴趣和快乐的因素都会被压制，因为他们不想背叛自己。他们认为，想要达到自由的目的，只能在情感没有爆发的时候，谨慎地分析周围的一切，只要有可能干扰到自由，他就会马上躲闪。如果他发现环境完全不会影响他的自由，那他自然会感到快乐。这更容易使他产生某种印象深刻的情感经历，如同梭罗在《瓦尔登湖》中描绘的那样。患者有时候会将自己设定为禁欲主义者，因为他不希望任何激动的情绪干扰他的自由。这种禁欲主义很特殊，我们可以换一种更加准确的表达，即自我约束，因为否定自我、虐待自我并非禁欲的目标。只要我们认可它的理论基础，它就还算理智。

只有我们有主动的情感经历，才能够保持心理上的平衡，这一点至关重要。例如，创造性对患者十分有利，甚至可能成为治疗患者的方式，如果这种创造性一开始就被压制，无法得到表现，而通过之后的分析治疗或者其他方式被释放出来，那么患者可能就会从创造性中获益匪浅，甚至可能完全康复。但我们必须谨慎对待这种治疗方法，正确看待它。首先，这种办法或许对疏远自我型的患者有一定的帮助，但对于其他患者却未必有效，我们不能将这种疗法普遍推广，这是不正确的。此外，这种做法并没有完全改变患者的神经症基础，所以，用"治愈"来形容有失偏颇。我们只能说这种治疗方式减少了患者的失衡程度，让患者的生活更加舒适，这对于患者已经很难得了。

患者的情感被压制的程度有多严重，他对理性就有多重视，情感压制程度越高，就越在乎理性。他认为，理性的思维能够帮助所有问题找到答案，前提是我们发现了问题，或者说世界上没有理性推理解决不了的问题。

自我疏离型患者认为，一段长期亲密的关系不可能不影响独处。在我们研究了他的人际关系存在的状况后，这一点就很清楚了。因此，如果他的同伴并不像他那样喜欢独处，或者无法接受他希望独处的请求，或者难以理解他的行为且不满足他的需要，那么后果一定会很严重。苏尔维格可以说是皮尔·金特最佳的伴侣，因为他一直站在原地，痴情地等待着伴侣的回归。苏尔维格知道自己对皮尔·金特的任何一点要求，都会让他感到恐惧，甚至会使他脱离掌控，所以苏尔维格从未提出过任何要求。皮尔·金特则认为，自己把最珍贵、最纯粹的感情都给了苏尔维格，这都是他从未经历过的，但自己究竟给予了多少呢？他并不清楚。只要和皮尔·金特保持一定的距离，他的忠诚就会长久。也许他会和别人有一段时间的交往，但这并不会长久，因为阻止这种交往的因素实在太多了，而这种关系也实在太脆弱了。在所有的人际交往中，他最重视的就是两性关系，他喜欢短暂地保持这种关系，只要不影响他的正常生活就好。同时，这种关系只能在某些特定的场合中进行。此外，他对这种关系很冷淡，他不允许任何异性进入自己的圈子，总是用想象出来的关系替代真正的关系。

在分析过程中，我们会看到我们描述过的全部特征。自我疏离型的人讨厌分析，因为这会极大地伤害自己的私生活。但同时他又渴望得到精神分析师的帮助，因为这可以拓宽他的视野，让他更加直观地了解自我内心的矛盾斗争，有时候甚至会激起他观察自我的兴趣爱好。此外，他梦境中的感人场景和自我丰富的联想能力也会使其产生浓厚的兴趣。一旦他在幻想中发现了证据，就会兴奋不已，就像是科学家在研究中找到了证据一样。他感谢精神分析师的关照和提供的帮助，但是他却讨厌精神分析师强迫他走向充满未知的未来。他讨厌精神分析师在进行分析后提出的建议，因为这些建议让他感到了危险，但实际上，面对可能发生的危险，他早已全副武装，即便存在危险，这类人受到的危害也会减少很多，至少和其他两种类型的神经症患者相比是这样。他并不在乎精神分析师提出的建议是否正确，更不会采取恰当的方式去证明这一点，他只在乎这些建议和自己对生活的观点是否一样，只要不一样，他就会选择拒绝，这不需要任何理由，但是他并不会把这一点表现出来，我们能够看到的依然是他很有礼貌的表现。无论精神分析师用哪一种方式改变他的想法，他都不会喜欢。他渴望从厌恶的环境中解脱，但这些一定不能干扰他的性格。他喜欢不断分析自我，但是却潜意识地坚持自我，从未妥协。他反对一切外界的干扰，但仅仅是他心态的一种表现。在之后的讨论中我们会详细讨论其他的表现。他会不自觉地和精神分析师之间保持一定的距离。在相当长的一段时间内，他将精神分析师当作来自外界的某种因素，在梦境中，他和精神分析师就像是两个利用长途电话联系的跨越国际的记者。这看似意味着他和精神分析师及其工作之间保持着很远的距离，但这不过是他有意识的心态的一种反映。这一梦境既是现实感受的一种反映，也表现出了患者在尝试解决问题，甚至可以说他不想和精神分析师之间产生任何关系，不希望这些人出现在自己的身边，即便是工作也不行。

最后，无论是在分析中还是在分析外，我们都能看到疏远自我型患者的一个显著的特点，他们一旦被攻击之后就会尽全力捍卫自己的自由。当然，这一点是所有的神经症患者都有的表现，只是疏远自我型的神经症患者的反抗更加激烈，他们甚至会不顾及自己的生命。患者尽力和精神分析师保持距离就是反抗的一种表现，换句话说，患者在还没有被攻击的时候，就已经开始采取具有破坏性的反抗措施。其实，如果精神分析师能够告诉患者他们之间存在某种关联，或者告诉患者他的心中存在一些冲突，并尽力使其相信这一说法的真实性，那么，患者是有可能和精神分析师理性交流的，但这不过是一种更加委婉、更加聪明的反抗。虽然这属于无意识的情绪应对方式，但是只要它产生了，患者就能够掌控它。总之，患者一直抵触分析师对人际交往的分析。通常情况下，精神分析师和患者之间存在千丝万缕的联系，所以，他们很难准确了解真实的情况。患者习惯和他人之间保持一定的距离，所以一旦精神分析师提及相关话题，他一定会感到焦虑，如果分析师一直问，他更会认为精神分析师的目的是让自己融入人群。这和他的愿望相违背，所以他会不信任精神分析师，甚至怀疑他别有企图。因此，患者有抵触情绪是可以理解的。在精神分析师的帮助下，患者一旦理解了疏远人群的弊端，就会开始感到害怕，甚至愤怒。此时，他内心会有一个声音出现：放弃吧！别再接受分析了。在分析领域之外，患者的反应也许会更加强烈。即便是生活中理性随和的人，一旦自尊和自由受到威胁，也会变得易怒，甚至辱骂精神分析师。患者害怕加入到职业团体或者某些活动中，只要一想起他们不仅需要交会费，还需要真实参加，他们内心的恐惧感就会直线上升。如果他们无奈加入了，也一定会不惜任何代价退出的。即便是遇到生命危险的人也未必比他们想到的逃离办法多。曾经有一位患者说，如果爱情和自由只能二选一的话，毫无疑问，他会选择自由。显然，疏远自我型的患者会不惜任何代价采取能够想到的任何方式捍卫自由的权力，这是他们的典型特征之一。无论是外在利益，还是内心价值，只要影响了他的自由，他都会果断放弃，至于其他的想法，则会在无意识的状态下被他主动压制。

任何受到如此强烈保护的东西,在主观上一定存在着独特的价值。只有了解这一点,我们才能了解疏远的作用,并更好地治疗患者。其实,任何一种对待他人的基本态度中,都存在正能量的一面:为了塑造出亲和的形象,患者会"靠近他人";为了在竞争激烈的社会中生存,患者会"抵触他人";为了获得一定程度的安宁和敬重,患者会"回避他人"。这三种态度是每个人发展过程中必需的,具有存在的价值。只有在神经症中,这些态度才会表现出强制、僵硬、盲目和抵触等特点。我们不能否认,这些态度的价值因为受到了神经症的某些影响而降低了,但我们必须承认,它确实存在一些可取之处。

疏远自我的优点有很多。在东方的哲学体系中,"孤单"是通往精神世界至高处的必经之路,所以我们坚持追逐它。当然,需要注意的是,这种心愿和神经症的自我疏远是有差别的。对于前者来说,"孤单"是一种选择,其目的是为了更好地实现自我价值,只要我们选择坚持,就有可能改变自己的生活;但是对于神经症患者而言,自我疏远是内心强制性的某种需要,这是他们仅有的生活方式,也许这种生活方式会给他们的生活带来一些好处，但是好处的多少则完全由神经症的轻重程度决定。神经症的摧毁力是非常强大的，甚至可以摧毁所有的东西，但是疏离型患者还保有一些诚实的品质。虽然在人际关系和谐的整个社会中，这种诚实微不足道，但是如果社会中充满了嫉妒、贪婪、虚假和残暴，这就显得尤为珍贵了。在这样的社会中，弱者通常会因为诚实而受到伤害，那么，和他人保持一定的距离就能够维护自尊，就显得十分必要。此外，神经症通常会使一个人内心混乱，而自我疏远是回归平静最好的办法。通过这种方式获得的安静，需要付出更高的代价。同时，患者将自己囚禁在"魔法圈"中，但这并不意味着他完全失去了感情生活。自我疏远能够产生某种力量，使患者具备特殊的情感和创造力。最后，我们要讨论一下创造力，当患者对待生活、对待世界的态度有所转变，精神状况有所缓和后，更容易表现出特殊的创造力。需要强调的是，我们所说的并不是神经症的自我疏远是创造力产生的原因，而是自我疏远对于激发潜在的创造力具有一定的帮助。

虽然自我疏远给神经症患者带来了很多好处，但这并不是患者尽力维护独立想要达到的目的。即便在一些特定环境中，自我疏远带来的利益远远大于它的弊端，但这也并不是患者尽力维护独立的目的。通过观察，我们能够从更深的角度看待问题：如果我们强迫那些自我疏离型的患者靠近他人，这很有可能造成他们的精神错乱，也就是我们常说的精神崩溃。之所以这么说，是因为精神崩溃包含的精神类疾病范围较广，像酗酒、自杀、忧郁、丧失工作能力、精神错乱、功能性障碍能都属于这一范畴。患者理所当然地认为导致精神崩溃的根本原因是最近发生的某一件事情，实际上，这是错误的，即便有时候精神分析师也会这样认为。这一根本原因有时候是丈夫隐瞒妻子出轨、一段同性恋体验、毫无理由地被歧视、妻子撒泼、大学时期不受人欢迎、失去了家人的照顾后要自力更生等。这些状况可能会导致精神崩溃，但也可能不会，所以精神分析师在进行分析时，一定要仔细观察患者的症状，从更深的层次理解，找到导致患者出现某一症状的根本原因。但只有这些还远远不够，我们还需要找到一些问题的答案。例如，这些经历为什么会如此深刻地影响患者？为什么一次看似简单的挫折或失败，会导致患者的心理失衡？也就是说，精神分析师在面对患者的时候不仅需要找到导致患者某一行为的原因，更需要清楚这些原因为什么会对患者产生剧烈的影响。

　　我们需要强调的是，无论是自我疏离型倾向还是其他的神经症倾向，都能够让患者感到安全，如果他们失去了这种安全感，整个人就会变得焦躁不安。理解了这一点，上面提到的问题就不难解答了。患者回避他人是为了给自己安全感，无论侵入"魔法圈"的人的目的是什么，都会让患者感到某种危险的逼近。这就是为什么自我疏离型患者在一些情况下会感到害怕，因为他能够接受的和他人之间的安全情感距离被打破了。我们需要明白，他已经失去了应对生活的能力，只能选择冷淡，才可以有效地避免和他人接触，一旦避无可避，他就会感到害怕。这同样说明了，自我疏远倾向和其他神经症倾向存在差异的原因，这一倾向中含有负能量的因素。具体而言，自我疏离型患者在遇到困难时，既不会积极主动地解决，也不会委曲求全地接受；他不是没有情感，只是隐藏起来了；他不会参与竞争，也不会参与合作。他就像是一只被猎人追赶的野兽，除了拼命逃跑或者藏匿，没有任何获得安全的办法。这一类型的患者就像是俾格米人，在森林外十分脆弱，但在森林中却是当之无愧的王者；更像是中世纪的城市，在城墙的保护下很安全，但只要城墙被毁，敌人就会像洪水般瞬间涌进整座城市。这些类似的人或者事物经常会出现在患者的脑海和梦境中。我们了解了他的生活状态后，就不难理解他生活中的焦躁不安了，他尽力和他人保持距离也变得容易理解了，因为只有这样，他才能够抵御一切潜在的危险。实际上，每一种神经症倾向都是一种保护措施，都是患者在面对生活中的种种状况时做出的正面反应，而疏离型倾向则属于意外。如果患者的核心倾向为疏远倾向，那么，他面对生活中的种种状况就会显得孤独无助，长时间如此，疏远就会成为患者保护自己的主要手段。

　　致使患者坚持独立的原因中还有一个最容易被人忽视的。患者害怕自己的屏障被打破，害怕有人打扰自己的独立，这种害怕的状况不可能是短时间的，这可能会导致患者的精神错乱、人格分裂。如果在接受精神分析的实践中，患者的自我疏远状态受到了打扰，他一定会感到害怕，这种害怕的情绪会通过间接或者直接的方式表达出来。患者可能会尽力避免待在人多的地方，因为这种地方会让他难以保持孤独，自然会开始烦躁甚至恐惧。此外，因为他的自我保护能力较弱，所以他经常会感到自己被对抗性较强的人逼迫掌控，这同样会让他感到害怕。同时，他一直担心自己可能出现精神问题，且出现的可能性很大，所以他会尽力避免这种状况的发生，这就使患者出现了第三种恐惧心理。但是这种精神失常和发疯是不一样的，因为导致这一状况的根本原因并不是逃避责任，而是对人格分裂的恐惧，这种情况经常会出现在幻想或者梦境中。对于患者而言，如果我们要求他放弃自我疏远，就相当于要求他直接面对内心的冲突，这就像是要求一棵大树接受雷电的袭击一样。我有一位这样的患者，他经常会产生这样的幻想，以至于他完全无法承受这种感觉，也没有能力重生。我们已经通过观察证明了这一说法的正确性。自我疏远倾向明显的人十分讨厌内在冲突的说法，甚至他们已经完全压制不住这种厌恶了。一旦精神分析师聊到这一话题，患者就会躲躲闪闪地选择回避，表示自己听不懂。只要精神分析师的谈话中涉及内心冲突，他们就会本能地避开，躲避的手段十分熟练，无一例外。他们还没有准备好直面内心的冲突，所以一旦要求他们面对，他们就会感到害怕。只有让他们从内心感到安全，他们才有可能理性认识自我内心的冲突，但这同样会强化他们的自我疏远倾向。

所以，自我疏远是患者面对内心冲突时保护自己的一种方式，属于基本冲突的一种，是固定存在的。这一说法理解起来有些困难，但我们可以通过具体研究支撑这一观点。一旦基本冲突产生，自我疏远就会成为一种潜意识的自我保护方式。谈及这一点，我需要再次强调，占据核心地位的基本心态不会妨碍其他心态产生作用。和其他两种类型的人格相比，自我疏离型人格中出现的矛盾倾向更加强烈。这是在患者的成长过程中形成的。他们一般都经历过服从、依靠和敌对，最终产生了自我疏远的倾向。疏离型人格的价值观十分矛盾，这和其他两种类型的人格是完全不同的。他过于重视先入为主的自由和独立观念。在进行分析的过程中，患者有时会为自己拥有同情、善良、大方和自我奉献的品质而感到骄傲，有时又会将丛林哲学和利己主义作为一切行为的准则。这种矛盾的倾向甚至让患者自己惊讶，但是，一旦从理性上讨论，他们绝不会承认冲突的实质。对于分析师而言，必须学会从宏观上掌控，如果只在一个方向上深入探讨，他只会使自己陷入困惑，无路可走。我们要清楚，自我疏远是患者最熟练的手段，一旦分析师的分析道路遇到拦截，就相当于轮船上的防水隔舱被关上了。

实际上，在自我疏离型患者的特殊对抗中，含有一个简单严密的逻辑思维，他不想看清自己，也不想和精神分析师交流。他没有勇气直面内心的冲突，担心在和精神分析师交流的过程中泄露自己的人际交往。如果我们了解问题产生的原因，就会发现它们对于冲突分析没有丝毫兴趣。问题的实质在于，他渴望独处，只有和他人保持安全的距离，他才会感到放心，不会因为人际交往中的种种矛盾而焦躁。只要分析师企图让他摆脱自我疏远，他就会加重这种倾向。之前我们已经提到过，这种潜意识的思维会产生一些积极的影响。他这么做的目的只是为了躲避现实，他没有办法在孤独的状态下继续成长发展。

神经症自我疏远的首要任务是弱化核心冲突的作用。这种方式对应付冲突是有效果的，所以患者有时会采取一些极端的手段而不顾后果，而自我疏远就是患者躲避冲突的一种方式，和其他神经症一样，这一方式的正面影响只停留在表面现象上，从根本上说，它无法彻底解决问题。患者一直有依靠、控制、自私等强制性需要。虽然这些需要并不会干扰他们的正常思维，却时刻控制着他们。只要患者还陷在彼此矛盾的价值观中，他就不可得到真正的安静和自由。

第六章 理想化形象

通过讨论患者对待他人的基本态度,我们了解了患者经常采用的两种解决冲突的办法,确切地说是两种应付冲突的办法,第一种是尽力压抑某一种人格倾向,使其对立面明显化;第二种是自我疏远,防止和他人之间的交往,从而隐藏冲突。这两种办法在一定程度上确实能够让患者产生统一感,但是患者在此过程中付出的代价也是巨大的。

患者不断尝试为自己塑造一个"就是这样"的形象,或者在那个时刻、那个场景中,患者就"感觉如此"或者"应当如此"的形象。当然,这一形象和现实并不相符,不论患者是否承认这一点,他的现实生活都受到了这种形象的影响。而且,这一形象符合患者内心对自己的期待,他会越陷越深,如同《纽约客》①上的那幅漫画,身材发福的中年妇女在镜子中看到的自己是一位身材窈窕的青春少女。这种形象是由人格结构决定的,会因为个体的不同而有所不同。患者向往什么,他塑造的形象就具有什么特点,如患者向往的美貌、睿智、天资、善良、老实、权力等,这些特点都会被放大很多。但我们必须承认,这些都不是现实。患者的优越感全部来自于幻想出来的形象。很多人误以为"优越"是"不可一世"的意思,但"优越"的真实意思是人们将那些自身不具备,或者到现在还没有在自己身上表现出来的优良品德当作自己具备的品德。因为这一切都是不真实的,所以患者的这种优越感也很容易被击垮,他需要来自他人的肯定和赞美。其实,如果我们足够自信,相信自己具备这些品质,根本不需要他人的认可,但如果我们本身不具备这些品质,却渴望拥有这些品质,那我们就会变得敏感,惧怕他人怀疑这一点。

---

① 《纽约客》是一份综合杂志,涵盖了散文、诗歌、小说、新闻报道等。

精神错乱的患者在这一点上表现得十分明显，他们会毫无底线地夸大自己的形象，将其描述成理想中的模样，而神经症患者也具有这一特点，他们会误以为幻想出来的形象就是自己真实的样子，只是他们幻想的程度比精神错乱的人低一些，但依然十分明显。我们可以通过观察理想化形象和现实状况的差别来区分精神错乱症和神经症，当然，这种理想化的形象也有可能是神经症和轻度神经错乱共同作用产生的结果。

理想化形象实质上是一种无意识的表现。任何一个旁观者都能够明确感受到神经症患者的自我迷恋，但是他们自己却意识不到这一点，他更不会知道理想化形象中到底含有哪些怪异的特点。也许他能感觉到对自己的要求有些过分了，但他会把这种高要求当作自己追求完美的优良品质，他认为这就是他的梦想，他会为此骄傲，却意识不到这是不正确的。

那么，患者对待自我的态度到底受到了理想化形象哪些影响呢？这是由患者的关注焦点决定的。如果患者有意让自己相信自己就是理想化形象的样子，他就会坚信自己是一个学富五车、才高八斗、完美无缺的人，即便存在缺点，这些缺点也是神圣的。一旦患者看清了自己真实的模样，就会对自己充满鄙夷和轻蔑，因为现实的自我和理想化形象有着天壤之别。在这种情绪下，患者同样看不到真实的自我，他会过于轻视自我，这一点和理想化形象是极其相似的，我们把患者过分贬低自己的形象称为轻蔑形象。如果患者发现理想化形象和真实的自己之间存在差距，他就会想方设法减小差距，尽力保持自己完美的形象。他会不停地说"我本来应该"：我本来应该感受到什么；我本来应该做什么；我本来应该想到……他像一个自我迷恋的人，觉得自己完美无瑕。他坚信，只要自我要求再严苛些，思维逻辑再详细些、再谨慎些，再自我约束些，一定能够成为完美的自己。

　　理想化形象和真实理想之间存在一条鸿沟，理想化形象是遥不可及的，它是静止的，是个体崇拜的没有生命的木偶。真实理想则具备能动性，能够激励人们不断追求靠近，是人们成长过程中必不可少的一部分。在真实理想的引导下，人们变得谦虚，而在理想化形象的引导下，人们变得狂妄。理想化形象或者让人否定自身的不足，或者让人过于自责，这都会阻碍人们实现真实的理想。

　　在各个时代的哲学中，人们都曾定义过理想化形象，这说明人们从很久以前就已经意识到理想化形象了，只是人们对这一形象的理解有所差别而已。弗洛伊德在其神经症理论中将理想化形象称为自我迷恋、超越自我、自我理想。理想化形象也是阿德勒在心理学中重点讨论的观点，他认为这是"想成为万人之上的人需要付出的努力"。如果我详细描述我的观点和这些观点之间存在的区别，那就跑题了。简单地说，这些理论在讨论理想化形象时都只是就理想化形象的某一方面进行讨论，并没有从整体出发考虑。弗洛伊德、阿德勒、弗朗茨·亚历山大、保罗·费登、伯纳德·格鲁克、欧内斯特·琼斯等科学家们并没有意识到理想化形象的重要性以及它产生的作用，他们并没有详细论证这一形象。

理想化形象能够满足人们的基本要求，这一点十分重要。无论从哪种理论、哪个角度解释理想化形象，科学家都认同这一点，他们认为这是神经症患者坚不可摧的壁垒。弗洛伊德在其著作中提过，扎根在患者内心的自我迷恋是分析的最大障碍之一。

理想化形象的本质作用在于使人远离实际、狂妄自大、盲目自信。一个长期被神经症困扰的人不可能有自信，因为他们早期的经历太具有破坏性了。即便他们建立了一定的自信，建立这种自信的现实基础也会被无情地摧毁，这些现实基础是不可能在短时间内形成的，所以在神经症的发展中，这部分自信就会变得十分渺小，不值一提。建立自信的现实基础包括积极活泼、具有现实价值的感情力量；能够在生活中积极主动地生产正能量；能够不断接近真实的理想。但随着神经症的发展，这些现实基础变得破败不堪。首先，患者无法主动选择，只能被动接受，这会不断削弱其做出决定的能力。其次，患者会越来越依赖他人，无论这种依赖表现为想成为佼佼者，还是想毫无目的地回避他人、冲动对抗或者抵触他人等，他都会变得越来越低能，根本无法自己选择未来的路。最后，患者被压抑的大多数情感会慢慢失去其本来的价值。这就导致了患者根本无法实现自己的理想。值得强调的是，患者一旦失去了自己立足的基础，一定会过分强调自己的能力和重要性，这种冲突很容易导致人格分裂。患者相信自己无所不能，理想化形象可以说是他不可或缺的一部分。

理想化形象还存在第二个作用，它和第一个作用之间存在紧密的关系。患者没有勇气直面危机四伏的世界，只有逃避才能让他内心的孤独感和脆弱感减少，或者暂时销声匿迹。在现实的逼迫下,他时刻提醒自己和他人之间保持竞争,当然,这种竞争的目的不是为了荣誉或者满足想象,而是因为他能够感受到外界的敌意,他害怕别人欺瞒他、羞辱他、掌控他、与他为敌。他内心感觉自己是一个渺小、柔弱、低微的人,为了让自己舒服一些,他必须在自己身上找到一些超凡的品格。这种品格或许是优雅,或许是残暴;或许是友善,或许是尖酸。其实不论是什么,都能给患者带来优越感,但是这些优越感不同于赶超他人的想法。不管是什么类型的神经症,都会让患者感到自身的渺小脆弱,在他眼里,身边的所有人都在藐视他,他会感觉受到了侮辱。他需要用一种报复性的胜利感来冲淡内心的屈辱,一般患者会选择打败他人。但患者对于这种需求可能是无意识的,也可能是有意识的,无论是哪种情况,他都免不了要受这种需求的影响。这种驱动力对于神经症患者十分重要,促使他们急切地需要优越感;患者对优越感的渴望带有一些特别的因素。在竞争激烈的现代文明中,我们都希望通过竞争功成名就,这在一定程度上促进了神经症的发展。

现在,我们已经基本了解了理想化形象是如何代替真正的自信和骄傲的。实际上,理想化形象还有另一种取代作用。神经症患者的梦想是矛盾的，他们自己都说不清楚他们的梦想到底是什么，也就是说，梦想对于他们的限制领导作用完全不存在了。患者现在还能够拥有生活目标，是因为他们自我塑造出的虚假目标对现实生活产生了一定的作用。因此，一旦理想化形象受到了威胁，他们就会感到强大的危险在逼近。这一点从很多分析的案例中都能看出来。也只有在这种情况下，患者才能够意识到这种理想化形象是有问题的，他会因此感到迷茫。虽然在此之前患者会表现出十分重视这一问题的样子，但这并不是他内心真正的想法，实际上，他毫不在乎，甚至完全不理解。此时，他开始明白梦想具有现实价值，他希望搞清楚自己的梦想究竟是什么。在我看来，患者的这种经历正好说明了理想化形象取代了真实的梦想。在临床治疗中，理想化形象的这种作用具有重要的意义。在初期治疗中，精神分析师也许已经明确患者的价值观是有矛盾的，但是患者不可能积极配合治疗，想要解决这些矛盾的价值观，必须先帮助患者放弃自己的理想化形象。

理想化形象的各种功能中，有一种功能导致了它的死板。如果我们妄自尊大，认为自己是完美无瑕的，那么我们身上所有的不足和犯下的错误在自己的眼中都会成为闪光点。这就像是把残破不堪的墙壁放入绝美的画作中，在欣赏者的眼中，原本支离破碎的城墙就成了灰色、浅红色和褐色的绝配，城墙早已不是原来的样子了。

　　防范功能是理性化形象的第四个作用。在讨论这一问题之前，我们先看一个比较简单的问题，这有助于我们更好地理解防范功能。人们为什么会把一些东西当作自己的不足或失误呢？这似乎是一个仁者见仁、智者见智的问题，其答案多种多样，但是我坚信存在一个比较明确的答案：人们的接受尺度决定了他们会把什么东西当作自己的不足和失误。在文化背景相似的情况下，基本冲突中具有优势的因素一般都占据核心地位，具有主导作用。例如，在对抗型人格的眼中，懦弱和害怕是羞耻的，所以他们会尽力避免这类不足，有时候甚至会认为柔和就是懦弱，对其充满鄙夷，但在顺从型人格的眼中，这些根本算不上不足，他们反而会把敌对和攻击性当作不能容忍的罪过。每一种人格类型的人，都不会承认他们愿意接受的自我是虚假的。顺从型人格会坚决否认其大方和友善是虚假的；疏离型人格回避他人，看似冷淡，这是因为他们没有能力应对他人，而不是因为自己乐意这样，但他们不会承认这一事实。这两种人格都具有抗拒施虐的倾向（之后我们会详细讨论）。因此，我们可以这么说：患者眼中难以接受的不足一般都是不符合他对待别人态度的一些东西。换言之，理想化形象的防范功能就表现为不承认冲突的存在，这也是理想化形象死板的根本原因。我以前无法理解为什么让患者看清自己如此艰难，实际上他并没有自己想象的那么优秀、那么重要，但现在我明白了，患者之所以坚决否认，绝不退让，是因为他不愿意正视自身的冲突。一旦承认不足就意味着要正视冲突，这会打破他努力构建的虚伪祥和。总而言之，患者的理想化形象越繁杂、越死板，他自身的冲突就越严重，也就是说，理想化形象的死板程度和冲突的强烈程度成正相关。

除了上面说的四个作用外，理想化形象具有第五个作用。这一作用也和基本冲突存在密切的关系。理想化形象除了隐藏不愿正视的冲突外，还有一个积极的作用。它能够给我们展现出一种各种价值观协调统一的虚伪表象，至少在患者眼中是统一的，这就像是患者创建的一种特殊技能。我简单列举几个案例，它们能够展现出几种冲突以及它们在理想化形象中的表现形式。

X患者在面对冲突时，一贯采取服从的态度，他希望得到他人的认可、关心和照料，他希望自己能够成为一个心怀悲悯、大方、温和、善良的人；面对冲突他的第二个选择方向是自我疏远，他担心有人强迫他，他不喜欢任何形式的热闹，渴望独处，这样就不用和任何人交往了。

他希望自己可以靠近他人，但又希望自己能够回避他人，两者之间的矛盾关系使他和女性的关系很差。他身上带有显著的攻击性驱力，面对任何事情都希望自己能够成为第一，这一点我们能够从他间接控制利用他人的行为中看出，有时候他也会直接利用他人，面对可能遇到的阻碍，他难以忍受。这和他自我疏远的倾向存在矛盾，使他寻找伴侣和朋友的能力不断下降。但患者自身没有意识到这些驱力的影响，他塑造了一个理想化形象，把三种身份融合在一起：他是世界上最友善的男性，是所有女性关注的焦点，他是妇女之友；他是引领时代的弄潮儿；他参悟了人生，明白了生命的意义，他是一位睿智的哲学家。

这种结构的理想化形象不只是白日做梦。患者在这方面确实天资聪颖，但是他却误以为天资就是现实，把天资当成了最终的结果。当他认为自己具备天资和才华时，不会感受到这种驱力的强制性。他有获得他人友善和认同的神经症需要，但是他自认为有能力关爱他人，在他眼中，自己是一个天资聪颖的人，因此不需要分秒必争，和他人一决高下；他自认为智慧非凡，可以搞定一切，所以不需要和他人保持亲密的关系。最后，他把几种彼此矛盾的驱力神化，以此隐藏内心的冲突，这样冲突就不会阻碍他潜力的爆发了，反而成了完美无瑕的人格中相互支撑、不可或缺的因素；他分离了冲突的三个方面，使其每一方面都成为一个圆满的身份，构成其理想化形象。

把几种彼此矛盾的因素分割开，意义非凡[1]。我们通过一个案例说明这一点。Y患者具有极端自我疏远的倾向，他的自我疏远倾向含有我们描述过的全部特点。此外，他还有明显的服从倾向，但是这和他希望独立的愿望彼此矛盾，所以患者经常会忽视这种倾向。有时，他希望能够和他人和谐相处，关系密切，摆脱压抑自我的表象，但是这又和他渴望独立的要求相互矛盾。所以，患者将自己想象成一个冷血的

---

[1] 史蒂文森特别经典地对双重人格进行过描绘。他分离人格中会出现矛盾的两个方面，借此打造的人物形象，就是"化身博士"。化身博士发现自己不仅有善的方面，也有恶的方面时，他说："一直以来……我都有一个美好的愿望，假如我身上所具备的品质可以在不同的身体中依存，那么生活就会好过得多。我的愿望就是，分离这些彼此矛盾的特性。"——原注

人。他经常幻想自己可以处死所有打扰他生活节奏的人。他明确表示自己信奉丛林生存法则，认为"人不为己，天诛地灭"，只有强者才能生存，这就是现实的正常生活。但是，他却很少表现出自己的强势，反而看起来是一个很软弱的人。

他塑造出的理想化倾向包含各种奇怪的身份：在大部分情况下，他淡泊名利，聪明睿智，像一位久居山林的隐者；有时候他是冷血无情的狼人；有时候他又认为自己是最佳恋人，还能够和他人成为莫逆之交。

通过这个案例，我们能够看到：患者误以为天资就是现实，他狂妄自大，完全否定自己的神经症倾向。患者根本不愿意尝试解决冲突，更不可能彻底摆脱冲突。显然，这种倾向比现实生活更加单纯。这些彼此矛盾的冲突被患者隔离，冲突几乎被完美隐藏，一切看起来都和谐统一，这正是患者希望看到的。

我们再看一个患者的理想化形象看起来更加协调一致的案例。从患者 Z 的多种行为中，我们能够看出在他身上攻击性倾向占据了核心地位，此外，患者还具有施虐的倾向，他希望掌控他人，让所有人听他指挥。他雄心勃勃、斗志昂扬、不知满足；他喜欢组织小团体，善于玩弄权术；他有意把丛林生存法则当作生活的原则。他不想与俗人为伍，但是也没有离群而居的勇气，在攻击性驱力的强迫下，他必须习惯和集体相处。虽然只有在与他人交往的过程中，他才能够感觉到快乐，但他又坚持谨言慎行，独立行事，不希望和任何人共享欢乐。他尽力不和任何人交往，努力压制着自己对他人积极的情感，这一点他确实做到了，为数不多的几次渴望与他人关系亲密的机会也只是因为性冲动。但他追求权力的过程并不顺利，因为他希望得到他人的认同，并且具有鲜明的服从倾向。同时，他的道德原则也会对其产生一定的影响，这些道德原则本是对他人的要求，一旦将其作用于自身，就和丛林生存法则彼此矛盾了。

在他塑造的理想化形象中，他是一个目光长远、执着于正义的绅士；他从不拉帮结派，做事有明确的原则，按照规章制度公事公办，他是一个卓越的人；他诚实、率真，是所有女性的梦中情人，堪称完美，但他不会对任何人动情。这样，患者所有的目标都实现了：他的理想化形象中包含了全部基本冲突的因素，和前面我们列举的案例极为相似。

患者塑造理想化形象的根本目的在于试图解决基本冲

突，这和以前我们讨论过的其他方式相同，具有重要的价值和主观意义。它能够将所有已经分裂的人格重组，发挥着万能胶的作用。虽然它只是患者想象出来的形象，但却决定着患者和他人之间的关系。

我们可以将理想化形象当作虚假的，想象中的自我。但这一说法并不全面，很容易使我们误入歧途。患者完全依靠自己的主观想象创造出了理想化形象。这真的太不可思议了，尤其是当事人是一个忠厚朴实的人时，我们更会目瞪口呆。但是，理想化形象并非白日做梦，它受到了很多现实状况的影响，是多种因素联合作用的产物。虽然患者空想出了很多不现实的荣誉感，但他确实具备这类潜能，因此理想化形象在一定程度上能够体现出患者的真正追求。确切地说，患者之所以能够塑造出这种理想化形象，就是因为他们存在这类切实的心理需要。它对患者具有现实的影响作用。也就是说，研究患者的理想化形象能够帮助我们进一步研究患者的真正性格结构。因为理想化形象的产生是有规律可循的，这一点千真万确。

不管患者塑造出的理想化形象中有多少虚伪的成分，他们都毫不怀疑其真实性。他越相信理想化形象的真实性，这一形象就越僵硬死板，真正的自我也就被隐藏得越好。在理想化形象的影响下，患者有些黑白不分、是非颠倒。这些因素联合作用，使患者的真正人格被隐藏了起来，而理想化形象却更加鲜明。在很多案例中，我们都发现理想化形象就像是患者的救命稻草。这就是患者极力维护理想化形象的原因，一旦它遭到打击，患者会不顾一切地抗争，这是顺理成章的，更是合情合理的。虽然理想化形象是患者幻想出来的，但在他们眼中，它就是完美无瑕、现实存在的，这给予了患者充分的存在感和优越感，同时使患者身上的各个冲突趋于协调一致。例如，当患者认为自己更具优势时，就会感觉自己更有资本表达意见观点。一旦这一形象被摧毁，患者就会感觉危险逼近，他会感到自己的软弱无能，微不足道；一旦他发现自身的各种不足，就会认为自己没有资格提出任何意见。但这并不足以让患者感到恐惧，最恐怖的是他需要承担着精神分裂的风险直面内心的冲突。精神分析师一般会告诉患者，和理想化形象相比，矛盾的感受更加珍贵，这才是他向成功人生迈出的第一步。这是一个漫长的过程，从现实状况来看，还没有取得任何成就，所以患者很难相信他的付出会得到回报，这对于他就像是一句空话。对此，他只会忐忑不安，感到害怕。

虽然理想化形象具有强烈的主观意义，但它的现实地位并非坚不可摧，因为它存在很多不足之处。这其实是一间同时储存着宝藏和危险品的房间，随时可能发生大爆炸。从现实角度分析，患者就像一个陶瓷娃娃，只要有人怀疑批判他，甚至一个不经意的行为违反了理想化形象，他内心的冲突都会冒出来，这可能导致房屋瞬间化为乌有。患者如果想要保证安全，只能尽力约束个人生活。只要事情没有百分之百的把握，他就必须躲避；只要有可能得不到众人的认可，他就必须躲藏。他认为，无论什么事，只要他愿意就可以做到，即便是成为一位绘画大师，他也绝对有这样的能力，他鄙视所有凭借辛勤奋斗获得成功的人，那是凡夫俗子才会选择的道路。他讨厌那些勤勤恳恳的人。如果有人要求他和普通人一样付出辛劳，这无异于否定了他天才的身份，他会感觉自己受到了侮辱。但现实却是，想要取得成功，必须付出相应的努力，这也就导致了随着时间的推移，患者的真正理想变得遥不可及。所以，现实的他和幻想中的自我距离越来越远。

他希望得到他人的认可，希望得到他人的称赞、敬佩和谄媚，但是他从中获得的欣慰只能维持一段时间。他讨厌任何在知识、技能、观点、处理人际关系方面比他优秀的人，因为这些人打破了他的理想化形象，威胁着他对自己的高度评价，但是他对此可能完全没有意识。他越依赖理想化形象，就越讨厌这些人。一旦他感觉自己的地位受到了威胁，冲动之下，他可能就会选择那些趾高气扬，明确表示自己价值非凡的人作为偶像。从这些人身上，他能够看到自己理想化形象的影子。但现实却是他崇拜的这些人从没有把他放在眼里，他们只是想要从他身上获得利益。终有一天，患者会意识到这一点，到那时，他会变得失落，甚至绝望。

　　理想化形象的最大缺陷在于它为人们自我疏远倾向的形成提供了良好的环境。在神经症的发展过程中，他们不断压制真实的自我，最终一定会导致自我疏远，这是一个慢慢发展的过程。虽然神经症具有一些根本特点，但我们很难意识到神经症的形成。患者会不断忽视自我情感，甚至自己喜欢什么、讨厌什么、信仰什么，他都不清楚，最终会失去自我。他意识不到自己已经陷入了理想化形象中难以自拔。我们从汤米身上能够更清楚地看到这一点，他是詹姆斯·巴里的小说《汤米与格里泽尔》中的主人公，他的经历似乎比临床患者更值得人们相信。患者为自己的生活编织了一张禁锢的网，这张网似乎给现实的很多问题提供了合情合理的解释，这也许是患者无意识的行为，却导致他的生活成了一团乱麻。现实生活中的患者并非真实的自我，所以他对生活失去了激情，他不清楚自己真正的追求是什么，这使他无法做出任何判断选择；只有在面对阻碍和挫折时，他才会恍然大悟，这所有的一切都是因为他的自我疏远。患者隐藏内心真实想法的思想已经不可避免地影响到了外界环境，这就是为什么他的生活变成了现在的样子。前不久，我的一位患者跟我描述他生活的状况，他是这样说的：如果没有外界的打扰，我的生活一定会更好。

患者为了解决基本冲突塑造了理想化形象，但从现实来说，它使患者的人格出现了新的裂痕，存在更大的危险性，也就是说，它的弊远大于利。换言之，当患者不能忍受真实自我时，塑造出了理想化形象，这一形象看似弥补了患者对现实的不满，但却也使患者对真实自我的容忍度更低了，他贬低自我、轻视自我，在理想化形象中，他对自己的期望太高，以至于根本无法实现，这加重了他的烦恼。他无法在真实自我和理想化形象之间做出选择，一方面，他自我赏识，另一方面，他又自我贬低，踌躇犹豫的他没有方向、没有选择，面对未来他更加迷茫。

在这种状况下，新的冲突产生了。患者一边强制自己向两个相反的方向不断努力，一边又坚持自己的主张，这是内心失衡的表现，他的独断程度几乎可以和一个政治独裁者相提并论了。有时，他认可内心的独断专行，他认为自己就是理想化形象中的完美模样；有时，他又会撕心裂肺地要求自己不断努力，希望能够离目标更近一些；有时，他又会对内心的强制性要求提出反抗，反抗内心要求的任何义务。

如果他表现为第一种状态，他就不会发现自身存在的裂痕，会给我们展现一个自恋者的形象，难以忍受任何批评；如果他表现为第二种状态，就更像是弗洛伊德描述的超越自我的类型，给我们一种完美无瑕的感觉；如果他表现为第三种状态，他会否定一切，害怕承担任何责任，我们难以在他身上发现任何正常的行为。

这里的"表现为"指的是患者无论表现出哪种状态，他的内心都是痛苦纠结的。即便是那些一直以"自由"标榜的对抗型患者，也在尝试摆脱施加于自身的压力；他以同样的标准判断他人，这说明他还陷在自己塑造的理想化形象中。

在某种特定环境下，患者可能会从某一极端走向另一极端。例如，某段时间内，患者想立志成为一个好人，但是却没有从中获得成就感，于是他很快就会成为对立的一方，极力反对所谓"好"的原则。他原本是个自我欣赏的人，但可能很快就会成为一个完美主义者。很多时候，我们看到的是多种心态联合作用的结果。我们经常会看到这种状况，他做的任何事情最终都失败了，这似乎是注定的。从我们的理论出发，这一现象并不难理解。患者为了逃离自己无法容忍的环境，付出了各种各样的努力。面对任何困难，患者都会依次采用这几种态度，尝试哪一种心态行之有效。

实际上，这些尝试已经妨碍了患者的正常发展。他根本意识不到自己的错误，更别说吸取经验了。反而，他会更加忽视自己的成长过程，因为在他眼里，他已经功成名就了。他现在希望的成长，就是塑造一个完美无瑕的理想化形象，这一形象不存在任何缺点，而患者对自己的这种表现没有任何意识。

所以，精神分析师的第一任务就是让患者认识自己塑造的理想化形象。只有患者意识到这一点，才能够在精神分析师的帮助下慢慢理解理想化形象的多种功能及在这些功能的作用下，自己产生的种种烦恼，他才能够理解理想化形象的主观作用。如果患者能够做到这一点，他也许会患得患失，暗中比较这一选择的得失利弊。但不管怎么说，患者只有不再塑造理想化形象，摆脱对它的依赖，才能够真正逃离理想化形象的掌控。

第七章 外化作用

患者为了减小理想化形象和真实自我之间的距离，尝试了多种办法，但他的所有努力都毫无作用，反而加大了这种差距，这一点已经十分明确。但是理想化形象确实有存在的必要，其主观价值是我们难以忽视的，所以患者必须为自己寻找各种各样的借口要求自己接纳它。在本章中，我们会讨论一种患者采取的尝试缩小差距的办法，这种方法也许并不常见，却深刻影响着神经症结构。至于患者的其他尝试，我们会在下一章进行讨论。

患者经常会把内部的转变过程当作外部发生的，他坚信就是这些外界因素给自己带来了困扰，我们把这种行为称为外化①。从本质上来说，外化倾向是逃避自我的一种现象，这一点和理想化形象相似。区别在于，理想化形象是患者对真实自我的再加工，属于自我范围，但外化倾向则代表着患者已经完全放弃了自我。也就是说，患者塑造理想化形象的目的在于逃避冲突，但是如果理想化形象和真正自我的距离逐渐扩大，扩大到他难以容忍的地步时，患者就再难以从理想化形象中获得安全感，他需要另辟蹊径，他会把所有的一切当作外部发生的事情，这样就能够逃避自我，他只有这一个选择。

这是个体矛盾客观化的现象，其中含有投射行为。人们把虚伪的善良、卑贱、控制、叛变、雄心等自己讨厌的倾向和品德当成是他人身上的东西，一旦自身出现这些问题，他就会怀疑这些问题是普遍存在的，这就是投射。由此，我们用投射来解释外化倾向就合情合理了。但是，外化不仅仅是"推卸"，其包含的东西很烦琐。患者不只认为错误是他人

---

① 施特莱克和阿贝尔率先采用了这一定义，参见 1943 年麦克米伦版《发现我们自己》。——原注

的，有时候还会把自我感受当作他人的。例如，一个小国的国民一旦产生外化倾向，就会感觉到自己的国家受到了欺凌，并为此忧虑，但是他自己完全感觉不到自身的压迫感。也存在一些患者能够感受到他人的失落，但对自身的失落却一无所知。这也就意味着患者完全意识不到面对自我的心态，这一点十分重要。当他讨厌自己的时候，总以为是他人讨厌自己，或者自己讨厌他人。他认为所有的开心、烦恼、荣誉都来自于外部的环境。如果心情好，他会归因于今天天气不错；当他获得胜利时，会认为是自己太幸运了；当他受到打击时，会认为这就是命。

　　这种人会花费大量的时间和精力感化他人、重塑他人、惩治他人，或者进行自我保护，以免受到他人的影响，这是因为，在他看来，无论生活是好是坏，都是他人给的。在外化作用下，他对他人和外界环境的依赖程度不断增强，但是这种依赖和神经症中因为需要被人喜欢而产生的依赖感不同。荣格把这类人格定义为外倾型人格。这种人十分在意自己究竟应当定居郊区还是市中心，究竟应该选择哪一种食物，应该归属于哪一个团体，应该早点躺在床上休息还是晚一点。在荣格看来，外倾型人格是气质倾向失衡发展的一种现象，不过，我认为外化行为是患者试图解决冲突的一种办法。

在外化作用下，患者可能会意识到空虚和浅薄，但是他的这些感受都是混乱的，他会感到十分痛苦。为了排解生理上的空虚感，他强制自己不断进食，但却完全没有意识到这其实是情感上的空虚。他以为是自己太轻了，就像羽毛一样，只要一阵大风吹过，他就有可能飞起来。在精神分析师帮助其分析治疗的过程中，他很担心自己被彻底看清，因为这将意味着他会失去一切，只剩下空皮囊。患者的外化倾向越严重，他就感觉自己越轻，像一片无处落脚的叶子。

这就是外化的内容。那么，它究竟是怎样有效缩小理想化形象与真实自我之间的距离的呢？这种差距必然会给患者造成负面影响，这是潜意识的一种行为，即便患者有意识地对待自我也不可避免。患者对理想化形象的认同度越高，他的表现就越趋于无意识。一般而言，患者会出现自我轻视、自我厌恶、自我压抑的状况，这些会让他陷入深深的痛苦中，甚至会以某些方式剥夺他面对生活的一部分能力。

自我轻视的外化倾向，有时候表现为误以为他人蔑视自我，有时候表现为自己蔑视他人，一般这两种情况同时存在。至于这两个方面哪种影响更加严重，或者说哪种表现更趋于有意识，这取决于神经症的整体结构形式。如果患者趋于攻击性倾向，他就很容易蔑视他人，因为在他眼中自己是完美无瑕的，没有人能超越他，这就意味着自己受到他人蔑视的机会很少。如果患者趋于顺从型倾向，他就会把自己看得很渺小，极力践踏自我，因为他不可能把理想化形象变为现实。显然，顺从型患者受到的负面影响更大，在这种心理作用下，患者会变得胆小懦弱，孤独离群，不擅长和他人沟通。他总是感觉他人对自己的喜欢是极大的恩宠，自己根本不配拥有，因此他很难拥有真诚的友情。至于那些对待自己态度傲慢无礼的人，他反而觉得正常，但是他根本没有能力应对这些人，因为他自己也存在这种倾向。一系列的反应必然使患者更加讨厌世俗，但同时他也尽力压制着自己的情绪，直至情绪严重到再也压制不住，必将产生极大的破坏力。

姑且放过这些负面影响，我们先来讨论一下轻视自我在外化作用下的主观意义。患者的自信心非常脆弱，一旦他发现自己有轻视自我的倾向，就会濒临崩溃。对于他人对自我的轻视，患者十分痛苦，他希望有机会改变他们的心态，但更多的是自怨自艾，他认为是他人对待自己的不平等造成了现在的痛苦，他想要抓住机会报仇。但这所有的一切都无法改变患者轻视自我的状况。这会让他更加迷茫，陷入无望。这种情况下，患者只要发现自身存在不足，就会感到自己毫无用处，甚至连那些优点也不存在了。简单说来，就是他蔑视自身的所有品德。且这种自我轻视是不可原谅、无法改变的，患者没有这个能力。因此，精神分析师在进行分析时，一定要注意避开患者的自卑感，当患者对理想化形象的依赖程度降低或者绝望感减少时，再开始这方面的分析工作。此时，患者能够正确看待自我，明白他的自卑来源于过高的主观标准，而不是客观事实。同时，患者会开始接受自己的缺陷，他知道一切都是可以改变的，他明白那些他厌恶至极的品质都是他的需求，也是阻碍，但这种阻碍是可以克服的，并非极端可恶，不可饶恕。

　　患者塑造的理想化形象对其具有重要的意义，只有理解了这一点，我们才能够明白患者为什么讨厌自己，且程度如此之深。患者从理想化形象中获得了安全感，但如果他无法达到理想化形象的标准，他需要的安全感就无法满足，这会使患者对自己感到失望、厌恶。这一切都是患者童年时期的经历导致的，各种各样的困难使患者误以为理想化形象是无所不能的，有了它，任何困难都不在话下。即便患者意识到自身的神经症越来越复杂了，但也未必有能力治疗。患者一旦看清自身的冲突后，就会变得不知所措，因为所有的内驱力都是彼此矛盾的，也就是说，他根本不可能完全满足自己的需要，因为这些需要彼此矛盾。

　　患者厌恶自身的外化方式通常有三种。一旦患者肆无忌惮地排解内心的愤懑，很容易把负面情绪发泄到外界。也就是说，他会无缘无故地对他人发火。有时候，他人确实犯了某些明确的错误，导致患者的怒火喷涌而出，但有时候他人并无任何过错，患者只是无法压制内心的暴躁情绪而发火。通常患者因为他人的某个错误发火时，自身也有这种错误，这让他难以忍受。我们用一个具体的例子来说明一切，这样更加直观。一位女性患者总是说自己的丈夫做事拖泥带水，但实际上抱怨的都是一些无关痛痒的事，也就是说她是在无理取闹。我很清楚，她也有拖泥带水的毛病，所以我暗示了她，结果发现她所厌恶的缺点基本都是自身存在的。当她知道这个真相后，情绪瞬间爆发，恨不得立刻彻底毁灭自己。她无法接受自己竟然存在这样的不足，毕竟在理想化形象中，她是那么当机立断。更具有戏剧性的是，当我第二次和她交谈时，她竟完全不记得这件事了。实际上，她已经隐约意识到了自己的外化倾向，只是还没有准备好做出彻底的改变。

　　患者厌恶自我的第二种外化形式是忧虑不断。患者有时候会感觉到，自己总是担心别人厌恶自身的某些不足，因为他自己就很讨厌这些缺点。这种恐惧感的产生有时候是完全没有意识的。患者很清楚他人一定十分讨厌自己的某些行为，但如果自己的这种行为没有招来他人的反感，至少他自己没有感受到反感，患者就会心烦意乱，他觉得一切都是幻觉。例如，我曾看到这样一位患者，在理想化形象中，她把自己塑造成一个心地善良的人，甚至可以和《悲惨世界》中慈善的神父相提并论，但是当她刻意做出神父的样子时，并没有受到大家的喜爱，反而当她生气或者固执己见时，吸引了人们的注意力，她对此十分困惑。从她塑造的理想化形象中，我们能够看出她属于顺从型人格占据核心地位的人。开始，她只是希望能够靠近他人，所以表现出了服从倾向，现在她又希望能够感受到来自外界的敌对情绪，这强化了她的服从倾向。外化作用会加重顺从型倾向，同时，这也是顺从型倾向外化的重要结果之一。在这种恶性循环中，神经症倾向不断加重。通过这个案例，我们可以得出结论：顺从型倾向之所以不断增强，是因为患者塑造的"圣贤人"理想化形象在不断剥夺真正的自我。她把从这一过程中产生的敌对情绪发泄在自身，恼怒的外化使她更加害怕他人，这又进一步加重了她的服从倾向。

患者厌恶自我的第三种外化形式是特别在意身体的不适感。患者并不清楚他是因为不满意自己而感到恼怒，这种情况下，患者的身体会处于紧绷状态，出现肠胃不适、头疼、有气无力等症状。只有患者意识到自己的恼怒情绪，这些症状才会消失。这不得不让人们开始思考，外化是否就是这些生理现象，或者说外化只是因为人们长期压制内心怒火而导致的生理性问题。但是我们必须意识到患者是怎样利用这些症状的，不能被虚假的表象迷惑。在很多情况下，患者总是认为生理不适才是精神问题的根源，而引起生理不适的基本都是外界环境。对于引发这些症状的原因，患者更愿意相信是饮食不恰当，工作过度劳累或者空气潮湿，而不愿意相信是精神状况不适。

患者将厌恶感外化后，得到了什么呢？可以说，其收益与自我轻视类似。需要强调的是，如果我们不重视患者自身的自我破坏冲动可能引发的危险，就不可能彻底掌握患者的病情实况。在前面的例子中我们提到了一位女患者，她的自我破坏冲动只维持在某一刻，但对于精神错乱的患者来说，却很容易出现自残、自杀的严重状况①。自杀行为之所以没有我们想象的那么严重，应当归功于恼怒的外化作用。弗洛伊德根据自我破坏的功能，提出了死亡本能假说，但从另一个角度来说，也正是因为他提出的这个概念使他没有完全理解自我破坏行为，最终难以创造出有效的分析治疗方法。

患者内心压抑感的程度决定了理想化形象对患者人格的控制程度。无论我们把这种压抑感的影响力想象得多么强大，都不会过分。因为外部环境的压力不会剥夺患者内心的自由，从这一点来说，内心压抑感的影响力远远超过了外部环境的压力，这真是太恐怖了。在多数情况下，患者根本感觉不到这种压抑感存在，却不能否认它强大的影响力。一旦压抑感消失，患者就会感到轻松愉悦，像内心重获自由一

---

① 为了说明这个问题，卡尔·蒙林格尔列举了很多例子，可以翻阅他的《自我对抗》，1938 年布拉斯版的。不过，他是从另外一个角度阐述这一现象的，其依据为弗洛伊德的理论学说，也就是人有自我毁灭的本能。——原注

样。患者通过外化作用把自己承担的压力分担给他人，其效果相当于神经症患者掌控他人的心愿，且这两种状况一般都是共存的。实际上，它们还存在一些细小的区别，内心压抑感的外化只不过是从他人身上找到自己恼怒的条件，至于这种做法是否会给他人造成不适感，当事人不会考虑，但我们也不能就此判断他没有掌控他人的欲望。清教徒的心理就是很好的证明。

外化形式中还有一种非常重要，其表现形式为患者对于外部环境中任何带有强制性的东西都特别敏感，容易出现强烈的反应。这种表现实在太过于明显了，几乎所有观察者都意识到了这一点。当然，造成这种敏感的并不只是患者施加于自身的强迫，很多时候也和患者对他人的猜测有关，也就是说，患者需要这种被强迫的感觉，这样他才有理由把内心的愤怒发泄到他人身上，所以患者会不断从他人身上寻找这种强迫感。在疏离型人格中，患者维持独立的性格就带有强迫性，这一点是有目共睹的，这种坚持无疑会使患者对外界的压力越来越敏感。但对患者自身而言，这是一种潜藏的病因，他自己根本感觉不到强迫自我的外化，精神分析师在分析患者的过程中也很容易忽视这一点。外化作用对精神分析师和患者之间的关系影响很大，这是比较可惜的。即便精神分析师分析出患者之所以如此敏感的原因，患者也有可能会忽略他提出的建议。短兵相接的形势中蕴含着更强大的破坏力。精神分析师其实只是希望帮助患者重塑自我，找到面对生活的激情，他想尽一切办法帮助患者做出改变，但即便他明确向患者说明这一点，也不会产生任何效果。无论精神分析师的本意如何，客观上他都让患者感受到了强迫。那么，患者是如何看待这种控制力的呢？其实，患者对于现状并不清楚，更别说选择接纳或者选择回绝了，他压根儿也不觉得这需要选择。精神分析师在分析的过程中会尽力保持谨慎，避免将自己的意念强加给患者，但即便他这么谨慎也毫无用处。患者会坚决反对任何想要改变他的想法，无论这种想法的目的是好是坏，因为患者并不清楚是自身的强迫性引发的痛苦导致了目前的状况。此外，这种剧烈的角逐不仅出现在精神分析的过程中，同时也出现在其他亲密关系中，且这种角逐十分艰辛，没有任何成效。精神分析师只有认真分析患者的内心活动，才能够突破这一形式。

此外，患者越是按照理想化形象的条件做事，顺从型人格就越会外化，这使问题更加麻烦。患者会尽力满足包括精神分析师在内的他人对他的期望，当然，也许这些期望只是他幻想出来的，他尽力展现自己服从的一面，但内心又十分讨厌这种服从，总有一天，他会感觉所有人都能控制他，他的厌恶感会逐渐升级。

那么，内心的压抑感外化对患者有好处吗？接下来，我们会讨论这一问题。第一，患者相信所有压力都是外部环境引发的，所以他有勇气奋起抗争，尽管这种抗争多数情况下只是一种内心活动，并没有表现出来。第二，患者会尽力逃避自认为来自外界的各种压力，创造出一种自由的表面现象。第三，患者如果能够认清自己承受的全部压力都来自于内心，就代表他需要正视现实，正视理想化形象和真正自我之间的差别，这是最可怕的一种情况，在前面我们已经讨论过了。

现在，我们需要讨论这样一个问题：内心的压抑感有没有可能以胜利的形式表现出来，或者在什么程度上以胜利的形式表现出来呢？通过对患者的观察，我发现高血压、便秘、哮喘等都和内心压抑感存在一定的关系，但是在这一领域我的经验确实还不够。

现在，我们开始讨论患者外化的各种特点，这些特点和理想化形象之间的差距很大。总体而言，这些外化的特点全部是通过投射表现出来的，具体而言，不是患者从他人身上看到了这些特点，就是患者将自己存在的这些特点当作他人的。这两种现象未必是同时存在的。现在，我会列举部分众所周知的案例，更加具体地证明投射的重要作用，加深大家的理解，也许在这里我会重复部分之前说过的话。

A 患者是一个沉溺于酒色的酒鬼，他经常埋怨情人对自己不够体贴。但根据我对现实状况的调查，我发现他的埋怨没有现实依据，至少现实情况并不如他说的那样糟糕。从他人的口中，我们得知：A 是一个宽厚、为人谦和温柔的人；他是一个蛮不讲理、尖酸刻薄、野蛮跋扈的人；他在自身存在的冲突中矛盾纠结。这其实就是攻击倾向的投射表现。那么，这种投射有什么价值呢？在他塑造的理想化形象中，他是一个温和善良的人，除了圣·弗朗西斯外，没有比他更善良的人，每个人都期望能够和他成为朋友，他的攻击倾向不过是坚强人格中一种常见的品质。那么，这种投射是否符合他塑造的理想化形象呢？这一点毫无疑问。他通过投射作用为自己的攻击性倾向找到了一个完美的借口，而且他并不需要感知这一点，更不用直接面对内心的冲突。他的攻击性倾向具有强制性,所以,他不可能放弃这种倾向;同时,他又为了保证自己不会精神分裂而坚持维护自己的理想化形象,这就使他进退两难。他的投射现象其实是一种无意识的行为,只是为了走出眼前的困境。因为在投射作用中,他既可以维护理想化形象,成为一个完美的朋友,也能够继续保持自身的攻击性倾向。

  A患者甚至感觉情人已经出轨了。这一点同样没有现实依据。实际上,情人对他已经很好了,甚至就像母亲对孩子那样。反而是他,长期瞒着妻子和异性发生关系。我们可以这样解释这种现象:他因为自己的行为而内心焦躁不安,他需要为自己找到一个合适的借口,为自己开脱,所以产生了报复性行为。如果我们从同性恋角度考虑这一现象,是否会更加合理呢?答案是否定的,所以对这一现象唯一合理的解释只能是患者因为出轨产生了某种不正常的心态。看似他已经不记得自己出轨了,但实际上他并没有忘记,只是出轨的感受对他来说已经不再有新鲜感了,他将这种感觉视为情人的不忠。这种外化产生的效果和先前的案例是一样的,通过外化作用,患者既可以继续维持现在的行为,又可以维持理想化形象。

我希望通过一个更加普遍的案例进行总结：虽然患者并没有从他人那里看到自己的不足，但是他同样会为自己开脱，避免承担应有的责任。例如，当部分患者发现自己存在某些不足时，总会将原因追溯到童年的经历，认为这是童年时期留下的创伤造成的。他们认为对"强迫"表现得十分敏锐是因为童年时期母亲的强势。对"耻辱"表现得十分敏锐是因为童年时期类似的经历留下了阴影。存在报复倾向是因为童年时期受到了伤害。无法坦然面对两性关系是因为父母双方没有对其进行合理的性教育。孤僻，难以融入集体是因为年幼时不被人理解。这种案例数不胜数。需要明确的是，我这里列举的案例都是那些对过分关注幼年影响的分析，而不是在患者和精神分析师共同努力下分析患者幼年时期受到的影响。这种分析只能是死路一条，停滞不前，不会产生任何效果，因为它没有分析导致患者产生疾病的原因。

弗洛伊德十分推崇这种办法，这是因为他所有观点的基础都是遗传理论。因此，我们需要认真考虑，这种方法到底更接近真理，还是更接近谬论。不过，幼年确实是患者形成神经症倾向的时期，他提供的所有线索全部都是他对已经发生了的事情的理解。同时，患者无法为自己的神经症承担责任，因为外部环境的作用很大，在这种作用下，患者只能选择以前的生活方式继续生活，这是合情合理的。现在，我们开始讨论具体的原因，精神分析师必须向患者解释这一问题。

幼年时期导致患者出现病症的原因，到现在依然具有重要作用，患者现在遇到的大部分挫折都与此有关，但是患者对病症原因却丝毫没有兴趣，这是不对的。部分患者因为幼年时期看到了太多的虚伪，所以喜欢嬉笑怒骂。但如果他认为只有这一个原因，那就忽视了现在嘲讽他人的需要。实际上，导致患者进退两难的是他彼此矛盾的愿望，为了解决这些问题，患者放弃了全部价值观，产生了这种需要。此外，患者总是想方设法担起自己无法承担的责任，推脱自己应该担负的责任。他用回想幼年的方式宽慰自我，淡化挫折的影响，这使他在面对失败的时候，表现出一副毫不关心的样子，面对挫折，他可以安然度过，仍然维护自己高尚的虚伪表象。患者的理想化形象需要承担一定的责任，因为它为患者拒绝承认一直存在的不足和冲突提供了借口。最重要的是，患者不断强调幼年时期的经历，看似是自我反省，实际上却并不真实。他只不过是把真实存在的问题外化了，这导致患者即便内心波涛汹涌，表面也能风平浪静。他失去了建设生活的能力，也失去了选择生活的能力。他就像是一个从山坡上滚下的球，或者一只被用于实验的豚鼠，只能按照规定好的条件生活，最终成为一种本能的条件反射。

患者不断强调幼年时期的经历，证明他的外化倾向已经很严重了。因此，每一次我碰见有人采取类似态度时，就可以快速断定，他是一个自我疏离型的患者，在驱力的作用下，他会离自己越来越远。到目前为止，这种判断方式还没有失误过。

患者在梦境中也会表现出外化倾向。例如，我见过这样一位患者，在梦境中，她总是感觉精神分析师像一个牢头一样一直管制她，她想要从牢房中走出去，但是丈夫却把门关上了。有些患者也会梦见自己在实现某个目标的过程中总会碰到各种各样的挫折和不测。这些梦境都反映了一个现实：患者试图逃避自身存在的冲突，认为冲突是外部环境造成的。

患者多种多样的外化倾向，使精神分析师的工作难度加大了。在患者的意识中，他前来治疗只是按照惯例做事，就像定期进行牙齿检查一样，精神分析师的工作和他并不存在直接关系。他真正感兴趣的是爱人、亲人和朋友存在的神经症症状，而不是自己存在的神经症症状。相比于反省自己面对苦难应当承担的责任，他更愿意谈论自己经历过的各种苦难。他将自己工作中的种种烦恼归咎于妻子的神经症，他认为如果妻子的神经症症状可以减轻一些，那么，生活一定会比现在幸福。他已经很长时间感觉不到情感的作用了。他总是担心遇到小偷、看见鬼、被雷劈、被人寻仇、政策改变，为此他感到焦虑不安，但是他从来不反省自己。如果他对自己的问题感兴趣了，那一定是他发现这些问题能够开拓思维，增加艺术乐趣，给自己带来某些利益。有一点是可以确定的，不管他对自己有多了解，他都不会改变现状，因为在精神世界中，他完全意识不到自己的存在，他没有办法把自己获得的理论知识与实践相结合。

从实质上讲，外化现象是一个积极进行自我毁灭的过程。患者的神经症必然导致其自我疏远，一旦疏远了自我，患者就会出现外化现象。在自我毁灭的过程中，患者根本感受不到内在的冲突。简单说来，患者早已用外在冲突替代了内在冲突。患者在外化作用下，更容易害怕、指责或攻击他人。具体而言，患者和外部环境的冲突本就是引发神经症的冲突，在外化作用下，这种冲突进一步扩大了，没有尽头。

第八章 假和谐和辅助方式

只要撒一个谎，我们就需要用第二个谎言去掩盖第一个谎言，然后用第三个谎言去掩盖第二个谎言，这就像是一个无底洞，直到我们被蜘蛛网一样的谎言围困，难以逃脱。这种现象在现实生活中普遍存在。如果一个人或者一群人没有胆量直面真相，那么，这种状况在他或他们的生活中就更加普遍了。谎言确实是解决困难的不错选择，但同样也会造成新的困难，接着我们需要用新的谎言解决新的困难，陷入无休止的循环。这正是神经症患者解决基本冲突的形式，十分奇怪。他看似已经完全改变了，但这一切都只是假象，实际上没有取得任何成效，就像我们前面说的那样，最开始的困难依然存在。神经症患者强迫性地把一个看似有效的解决办法加在另一个看似有效的解决方法之上，不断叠加。患者的这种行为也许突出了冲突的某一方面，但他依然处于被割裂的状态。这一点十分明确。患者想要减小冲突的影响力，必须回避他人，让自己独处。这使他的生活岌岌可危。患者塑造出的理想化形象，看起来达到了和谐统一的状态，取得了巨大的成功，但实际上只是又一次分裂了整体人格。他希望能够有所突破，逃离内心的战场，弥补人格的裂缝，但实际上却让自己的处境更加艰难。

这种平衡的状态只需要一些简单的方式就会被击垮，它十分脆弱，因此患者必须采取更有效的方式维持平衡。这时，患者会四处寻找解决办法，他可能会把注意力放在盲区、区隔化、合理化、超限自控、绝对正确、犹豫不决和游戏人生等方面。这些方式都是患者无意识的方式。我们不会详细讨论每种现象，因为这个任务难度太大了，在此，我只是简单说明患者是怎样利用这些方式对付冲突的。

人们经常不理解患者为什么自己意识不到理想化形象和真实自我之间的差距呢？毕竟这种差距太鲜明了。实际上，患者不仅看不到这些差距，甚至完全意识不到面前的冲突。这种现象太过荒诞了，这就是盲区现象。一旦我看到这些现象，就会意识到冲突是现实存在的，与它有关系的所有问题都会出现在我的脑海中。比如，一位顺从型患者身上包含着所有顺从型人格的特点，他为自己贴上善良的标签，且从未怀疑过这一点，但是我却偶然得知，他曾在一次员工会议上产生了一个可怕的想法，他想拿枪打死所有同事，这是患者本人无意间告诉我的。当然，他的这种想法在当时是完全没有意识的，且很多相似的破坏性欲望也具有这一特点，这一点不容置疑，但重要的是，他自认为这种剥夺他人生命的想法只是一个玩笑，并不会影响他完美的理想化形象。

还有一位科学家患者。他为自己能够成为所在领域的开拓者而感到自豪，他对待科学精益求精。但是每次发表文章时，他都会感觉这一切完全依靠运气，他会尽量选择那些可能引起强烈反应的文章。和前一位患者一样，他并没有发现这其中存在矛盾，也没有想过要隐藏或者掩饰这种想法。

还有一个案例，一个标榜着真诚善良的男性，直言他曾经索要了某位女性的钱，并把这些钱交给了另一位女性。他根本没有意识到这中间存在矛盾。

通过这几个案例，我们可以清楚地看到，在盲区作用下，患者根本意识不到自己的内心存在冲突。这些患者大脑清醒，具备简单的心理学知识，但他们却在不知情的情况下陷入了盲区，这确实震惊了我们。如果我们将这种现象解释为"我们每个人都可能完全不清楚自己不在乎的东西"，显然不够充分。我们需要再加上一条：我们对某一事情的轻视程度取决于我们对这件事情的渴求度。其实，我们可以总结成一句简单明了的话：由于非客观因素导致的盲区，代表了我们不想看到内心的矛盾。那么，一个关键的问题出现了，上述这些案例中的患者为什么能够无视矛盾呢？这真的太难了。其实，如果环境特殊，情况是会改变的。例如，我们对自身的感情漠不关心。或者符合施特莱克在多年前提出的一个观点——我们的生活已经把全部分割成部分了。他不仅指出了盲区现象，同时还提供了几种逻辑严谨的"分割"办法：什么应该是亲人的，什么应该是外人的；什么应该是朋友的，什么应该是敌人的；什么应该是同事的，什么应该是下级的；什么应该是公共的，什么应该是私人的。神经症患者通过这种办法隔离两个不同领域发生的事情，互不干涉。只有患者内心的冲突强烈到使他失去统一感时，才能够实现这种生活方式。因此，区隔化和拒绝承认冲突的作用一致，都是患者无法直面冲突导致分割的结果。这种过程可以和理想化形象进行比较，两者有很多共同点：虽然冲突还未化解，但是却不在患者意识内了。我们无法清楚地解释究竟是理想化形象引发了区隔化，还是区隔化产生了理想化形象。不过我们可以确定，如果把生活的关注点放在部分，而忽视整体，一定会促进理想化形象的发展。

想要更进一步解释这一现象，我们需要考虑文化因素。社会环境的复杂性加剧了人类个体的复杂性，现在的人更像是一个齿轮，自我疏远不断发生，自我价值无法展现。由于文化中存在的多种矛盾，人们对于道德的感知能力也不断下降，甚至麻木愚笨。人们再也不会把道德品质作为做事的标准，不会惊讶于一位慈父一夜之间变为阶下囚。也就是说，就算我们的人格分裂了，但周围的大多数人的人格也存在缺陷，所以我们不需要为此惊讶。在精神分析中，患者看不到矛盾的存在，精神分析师也意识不到，因为弗洛伊德只把精神分析作为一门自然科学，而没有考虑其道德意义。所以，精神分析师在进行分析的过程中，会尽量避免掺杂个人的道德观或者审视患者的道德观，因为这种行为不符合科学精神。实际上，正视矛盾的局限性不仅存在于道德领域，同时也存在于其他理论系统中。

我们把用推理欺骗自我的方式叫作合理化。人们一般认为，合理化就是用一些观点说明自己的行动和动机，达到掩护自己或者迎合大众传统观念的目的。这种说法具有一定的道理。比如，文化背景相同的人，虽然合理化的具体内容有所不同，但他们的标准却是一致的。这是一种十分正常的现象，因为神经症患者经常把合理化当作营造假和谐、支持自我的一种手段。患者围绕基本冲突这一核心，拼命构筑防御工程，只要我们扫视这一工程，随处都能见到合理化作用的痕迹。患者通过推理的方式不断加强主导倾向，削弱那些与主导倾向存在矛盾的因素，或者对它们进行包装，从而隐藏冲突。从本质上来说，这种脱离过程其实就是自我欺瞒，却具有促使患者人格合理化的功效。通过对比顺从型和对抗型人格，我们就能清楚地意识到这一点。顺从型人格坚信自己是由于同情才希望给他人提供帮助的，但这一行为却含有剧烈的控制倾向。如果患者的控制倾向太鲜明，他就会把这种倾向合理化为爱帮助他人，而对抗型患者则坚决否认自己是因为富有同情心才给他人提供帮助的，他总会说这是为了自身利益。在合理化的过程中，患者需要进行大量工作才能够满足合理化的标准。只有当理想化形象和真正自我之间的差距消失了，这些工作才算结束。为了让自己那些令人厌恶的品质趋于合理化，患者总会利用外化的形式把原因归咎于外部环境，从而证明他的行为都是针对他人行为的正常反应。

患者的超限自控可能会十分严重，使我认为这就是初始的神经症倾向，它就像是一道预防情感泛滥、矛盾爆发的堤坝。虽然开始时这可能是一种有意识的行为，但长时间如此，就会成为一种自主行为。患者在控制自我时，禁止受到恼怒、自惭、欲望、热诚等一切事物的影响。此类患者面对分析很死板，完全无法自由联想。和自我麻痹相比，他更愿意承担苦难。即使他喝醉了，也不会太过激动。换言之，他试图压制所有自己产生的行动和感情。这一点在冲突外显的患者身上十分鲜明，他们不会想方设法隐藏冲突，也不会自我疏远试图解决冲突，这导致了冲突中的各个倾向势均力敌，没有哪个倾向能够占据核心地位。患者之所以能够维持和谐的表象，完全归功于理想化形象的作用。但是，患者如果把实现人格统一的愿望寄托在理想化形象身上，就太虚假了，由多种彼此矛盾的理想形成的理想化形象非常脆弱，患者想要维持统一的表象，必须付出巨大的代价。在这种状况下，患者需要依靠自己强大的意志力避免冲突向更糟糕的方向发展，这一行为也许是有意识的，也许是无意识的。患者必须增强自己的意志力来压制恼怒情绪，避免其引发破坏性后果。但是，被压制的恼怒感实际上具有强大的能量，所以患者必须投入更大的精力压制这种能量，这就会形成一种恶性循环，十分危险。患者根本感觉不到超限自控的实质就是强制性，如果精神分析师向患者说明这一点，患者就会用任何文明人都应当具备自控能力来为自己辩解。其实，患者的超限自控是一种被逼无奈的选择，如果他不尽力控制自我，就会感到慌张不安，经常担心自己精神错乱。也就是说，患者进行超限自控是为了防止被分裂。

绝对正确同时具备两种功能，不仅能够消除外部环境的困扰，同时能够减少内心的焦虑。患者内心的冲突如果没有得到释放，就会陷入猜疑和彷徨，当冲突激烈到一定程度时，患者就失去了全部行动力，只能被外部环境控制。如果我们有强大的意志力，那我们可能不容易被外部环境控制；如果我们本身就处于迷茫期，那我们就会感到彷徨，不知如何选择，很容易被外部环境中的某种因素控制，也许这种控制力的作用只能维持短暂的时间，却足以促使我们做出决定。彷徨不只是一种行为过程，像质疑自我价值和权力等对自己的怀疑也是彷徨的表现。

这些不确定的因素都有可能威胁我们的生活能力，但并不是每个人都无法承受这些。一些人把生活当成冷漠无情的战场，把猜疑视为一种危及生命的不足。虽然他回避他人，坚持自我，但在外部环境的作用下他却很容易恼怒。在多年的临床经验中，我发现，如果对抗型人格和疏离型人格结合起来，并占据核心地位时，他就会把绝对正确当成是自我保护的主要方式，随着攻击倾向的不断增强，绝对正确的表现方式也会不断发展。患者把绝对正确当作一种万能的解决冲突的办法，在任何情况下，他都可以说自己是永远正确的。这类患者很讨厌分析，因为随着分析的进行，他内心的和谐就会受到威胁。即便这种和谐的表象死气沉沉，患者通过合理化把内心的情感当作外界的探子，因此他必须加以控制。

和绝对正确相反的预防举措是犹豫不决，它和拒绝承认冲突的功效很像。这类患者只要感受到压力，就会像泥鳅一样溜之大吉，很像童话世界的人物。如果伪装成泥鳅并没能帮他逃离一切，那么他就会变成一只快速奔跑的小鹿；如果还在猎手的视线内，他就会化成飞鸟，飞向蓝天。这种人从不会肯定地说什么是一定的，甚至对刚刚说过的话也会矢口否认，经常发誓前一秒的话绝不是某种意思。他们会把一些十分简单的问题搞得烦琐异常，这是一种十分神奇的能力。我们很难让他们对某一事情发表明确的看法。有时候，他们确实想表达自己的观点，但表达出来的却并非观点，只是不停地绕弯子，最终的结果只能是你被绕晕了。

他们有时候会富有同情心，有时候又贫嘴贱舌；有时候温柔贴心，有时候冷漠无情；有时候对某些事情态度谦虚，有时候对某些事情却独裁专制。也就是说，生活中的他们很不靠谱。这类人一开始寻找伴侣时可能要求对方强硬，但如果他感觉自己不值得时，就会变得更加强硬。如果他们做的某件事情伤害了某人的利益，会十分愧疚，尽力补偿，但很快他们就会觉得这种补偿太幼稚了，于是更加肆无忌惮。我们无法从他们身上看到墨守成规的东西。

精神分析师面对这类患者也会感觉无从下手、手足无措。其实这是不正确的。这类患者追求的统一和他人不同，他没有塑造明确的理想化形象，也没有尽力压制冲突中的某种倾向。通过和这类患者对比，我们对患者种种尝试的意义有了更加深刻的认识。在我们先前讨论过的患者中，不管他属于哪种人格类型，不管他们的问题多烦琐，但他们的人格清晰，而犹豫不决的人的人格却非常混乱。精神分析师一直认为这类患者的冲突十分明显，不需要花费太多精力就能够看到，因此，在进行分析工作时并不重视，但实际上这是错误的。精神分析师通过分析可能会意识到患者并不希望把问题摆出来，更不愿意接受治疗，甚至有抵触情绪。分析师应当清楚，患者这么做其实是为了预防他人走进自己的内心世界。

游戏人生是患者为了逃避冲突采取的最后一种方式，这类人看起来轻视并反对所有的道德标准。其实，每一种神经症患者都怀疑道德标准的正确性，即便是那些固守传统，坚持接受他可以接受的原则的患者也不例外，区别仅在于猜疑的程度不同。导致游戏人生的因素有很多，但所有的因素都表现为否定道德准则，因此，这类患者根本不会花费精力研究什么东西是可信的。

马基雅弗利主义者们把游戏人生当作一种信仰，极力保护并坚决执行，因为它是一种有意识的行为。马基雅弗利主义认为世界中的一切都是虚假的，你只要不担心被抓捕，就可以随心所欲；只要不是先天性的傻子，那这个人就一定是伪善的。不管精神分析师在什么状况中提到"道德"一词，都会招来患者的强烈反感，就像在弗洛伊德时期，无论人们在什么状况中提到"性"一词，都会让人们感到不适。

　　游戏人生有时候也是一种无意识的表现。患者表面认同众人的说法也许会隐藏他的这种倾向。患者也许会否认自己是游戏人生的人，但这种原则却被他当作为人处世的标准，这一点我们从他的言谈举止中很容易看到。部分患者标榜自己是一个真诚率真的人，但却十分仰慕那些使用不正当手段的人，他会因为自己没办法像这些人一样而感觉愤怒，这和游戏人生的人很像，他们经常无意识地陷入矛盾。精神分析的重要任务之一，就是在恰当的时间帮助患者认识他游戏人生的态度，说服他对自己宽容一些。此外，精神分析师还应当帮助患者建立自己的道德观，并让他明白建立的必要性。

　　以上论述的预防举措都是以基本冲突为核心的。我把这套预防工程简单概括为防御结构。虽然各类神经症在作用程度上有所不同，但它们都以联合的方式组成了整个防御体系。

第二部分
未化解的冲突的后果

Our
Inner
Conflicts

第九章 害怕

我们在探讨神经症症状的深刻意义过程中,很容易迷茫,这是一种十分正常的现象,因为我们面对的一切就像是迷宫一样,十分复杂。想要理解神经症,我们必须正视其复杂性。我们不能总是朝着某个问题的某个方向走进死胡同,需要不停转换角度来分析问题。

我们通过研究防御结构的发展清楚了预防体系的构建过程。他们最终成了一种静止的体系,慢慢僵化。显然,这条道路凶险异常,但为什么会有人愿意承担如此巨大的风险走这条路呢?我们对此很感兴趣,因为我们无法忽视患者在这一过程中付出的惨痛代价。我们开始思考：究竟是什么力量导致了这一坚固、僵化、死气沉沉的结构呢？建立预防系统的能力仅仅来源于害怕基本冲突的巨大破坏力吗？只有通过对比各种类型，我们才能够让问题变得清楚。当然，想要找到一个绝对正确的类比是不现实的，我们只能对其广泛应用，使其具有普遍性。如果有个历史黑暗的人隐藏自己，将自己塑造成另一种模样，在社会中获得了稳定的地位，他害怕有人谈及他的历史。他用新的身份找到了工作，交到了朋友，结婚成家，生活状况一天天变好。他对现在的好生活十分珍惜，害怕失去拥有的幸福，他没有一刻不在恐惧中度过，新的恐惧感就这样产生了。他费尽心思想要忘记历史，为现在取得的成就感到骄傲，希望黑暗的历史能够烟消云散，根据能力投身于慈善事业，帮助以往的朋友。他用全新的自我投入新的生活，性格上也发生了很大的改变，这就导致了新的潜在的冲突，这些冲突会把他团团围住。

无论神经症患者付出过多少努力，都不可能从根本上解决基本冲突，只是隐藏了冲突，使冲突的某些方面呈现出另一种形式，这种形式会不断明显化。这是一种不可逆转的恶性循环过程，必然会导致冲突的加剧。新的预防方式会影响患者和他人之间的关系，使关系进一步恶化，但这一关系正是冲突产生的根本原因，所以新的方式一定会导致冲突更加激烈。在全新的生活中，有胜利、友爱、独立和理想化形象等，这些新的元素具备的功能越来越重要，患者无时无刻不担心这些美好受到影响，因为美好的一切随时都有可能遭到破坏，向我们难以预料的方向发展。患者一旦开启自我疏远的方式，就越来越难掌控自我，在困境中越陷越深。这会产生惯性，使患者难以正常发展，即便他有意为之也不可能了。

患者的防御结构坚不可摧但同时也脆弱无比，很有可能会产生新的恐慌，如担心失衡就是新的恐慌之一。患者可以从自我建立的防御结构中感到平衡，但是这种平衡却很脆弱，对于任何一丁点可能破坏这种平衡的因素，患者都会十分敏感，但他却并非有意感受这些构成威胁的因素。在过往经历的影响下，患者完全没有自信心，他对世界充满了怀疑，每一秒都会感觉十分害怕。他担心很多状况会意外降临，就像以前一样，在自己完全意识不到的情况下，激动、恼怒、失落、抑郁或者疲劳感就降临了，有时候甚至是在自己最不愿意感受到这些情绪的情况下。心理上的失衡感，有时候会表现为无法控制身体上的平衡，患者在走路的姿势或者频率上都有可能出现失衡的状况。

　　这种恐慌的表现之一是担心精神失常。患者的恐慌感发展到一定阶段后，他会积极寻找精神科医生、希望得到帮助。在这种情况下，患者的恐慌感可能会被压制的放肆冲动影响，虽然这种冲动具有一定的破坏力，但是患者并不会因此感到愧疚。需要说明的是，患者只是担心自己会精神失常，并不代表他一定会精神失常。因为一般来说，患者只有在自己极度痛苦的时候才会感受到这种恐惧，时间很短。对患者来说，会面对一些重要的困难，如理想化形象可能被破坏，过于紧张（紧张的原因一般都是毫无意识的恼怒），超限自控受到威胁等。例如，一位内心安静、勇气可嘉的女性一旦碰到一些让自己感到烦恼、无奈、担心的挫折，就会感到恐惧，她害怕自己精神失常。之前，我们还讨论过一个案例，一位疏离型患者被强行带出了自己建构的"防御工事"，开始和他人拉近距离（参加军队或者和亲戚一起居住），他就会感到恐惧。这种恐惧的感觉不止会让患者感到自己有可能精神失常，甚至会使患者在某些行为上确实表现出精神失常。某位患者在接受精神分析治疗的过程中，想尽办法塑造出了一个和谐统一的表象，一旦他发现自己的人格存在分裂的现象，就会感到恐惧。

众多临床案例证明，无意识的恼怒是患者害怕精神失常的原因。即使这种害怕的感觉减轻了，患者还是会焦虑，担心在酗酒、做梦、性兴奋或者麻醉时突然出现暴力行为，害怕自己会无法控制情绪，侮辱、暴打他人甚至危及生命。患者对自己的这种恼怒是有感觉的，也许患者并没有做出实际的行动，但在患者的意识中却有一些强制性的暴力倾向，这就是恼怒在意识中的反应。也有可能患者根本意识不到自身的恼怒，但此时，患者会无缘无故地感到心慌，有时会一直出汗，甚至有头晕的现象，患者会害怕自己真的晕厥。这些现象说明了患者担心无法控制自己的暴力倾向，这是一种潜在的恐慌。在外化作用下，患者可能因为没有意识的愤怒而害怕所有具有潜在破坏力的事物，如他可能会害怕打雷、遇到小偷、看见鬼和蛇等。

事实上，与害怕精神失常相比，患者更加害怕内在平衡被破坏。在生活中，一切变化都有可能引发这种恐慌，只是其表现形式比较低调、模糊、多样。例如，马上要外出游玩、换一份工作、搬一次家或者雇用一个新职员等，都会使有类似症状的人感到恐慌，所以，他们会减量避免一切变化，即便只是一丁点的变化。这类患者没有主动求助医生的勇气，如果患者能够很快适应新的生活方式，就更不会求助于医生了，因为这种恐慌很可能会破坏患者稳定的人格结构。即便患者会想到接受治疗这个选择，但还是会有很多担心，而且这些担心听起来并非无理取闹。患者会思考接受精神分析是否会威胁婚姻情感，是否会耽误工作，是否会威胁宗教信仰，自己又能否压制情绪，对医生友善。在他看来，求助于医生完全没有任何价值，反而需要承担一定的风险。在第十一章中，我们会讨论这一点，对于患者来说，这些担心代表了他们内心的无望。就其实质而言，患者真正担心的是医生的分析会打破目前的平衡状况。我们可以确定，分析这类患者会面临很大的困难，因为他们自认为的平衡状况其实十分脆弱。

那么，精神分析师是否可以向患者保证绝不破坏他的平衡呢？从现实角度来说，这没有可行性。只要精神分析师开始分析患者，患者就一定会感到恐慌。精神分析师的主要工作，就是帮助患者分析导致问题的更深层原因，告诉患者他为什么会有这种恐惧感，找到问题的根本原因，并且让患者明白，只有暂时打破现在的平衡状况，才能够建立真正稳定的平衡。

患者的防御结构也有可能导致其害怕问题直接暴露在外，这是一种新的恐慌。因为患者为了维持并进一步发展防御结构所做的一切都仅仅维持在表面。我们讨论冲突破坏患者道德诚信的具体方法时再详细讨论这种表象工作，现在我们只说一个事实：患者自我欺骗，隐藏真正的自我，尽力表现出一副理性、慷慨、友善、强大、无情的模样，这远远超越了真正的自我。但我们并不清楚患者到底是害怕在自己面前展现出真正的自我，还是害怕在他人面前展现出真正的自我。患者刻意留心他人，担心有人看出了他的真实意图，在外化作用下，这种状况愈发严重。如果现实情况如此，患者很可能并不在乎对待自我的态度；只要没有他人发现，一切困难和失败都微不足道。这是患者意识中的思维方式，虽然并不符合现实。我们可以以这些情况为依据判断患者外化的程度。

在大部分情况中，害怕暴露的感觉十分模糊。患者的具体表现是隐约感觉到了自己在欺骗自己，或者对一直毫无兴趣的事物突然兴趣浓厚。患者总是担心自己没有他人想象的那么智慧能干、那么有修养、那么受人欢迎，所以他把内心的恐慌转向了自己没有的某些品德上。一位患者曾说，他童年时期曾经特别担心他人以为自己是作弊才取得好成绩的，虽然转学好几次，但只要取得好成绩，他就会担心，这种恐惧一直伴随着他。他不知道为什么会这样，所以十分困惑。实际上，他想不明白的原因就是方向错了。他真正担心的不是他人发现自己智商不够，而是担心他人发现自己的虚伪，这是一种无意识的心理。他自认为是一个好学生，并不在乎成绩，但是潜意识中他需要打败他人。这才是真正的困惑。这一案例告诉我们，我们都担心自己成为一个虚伪的人，害怕某一客观现实暴露了自己的虚伪，但实际上，我们真正虚伪的地方并不是自认为的那个现实，这个结论虽然不够准确但却很合适。这种恐慌最鲜明的表现形式就是脸红和娇羞。但是，分析师在分析的时候一定要注意，不能因为患者的这种反应就断定他是因为担心暴露，或者认为患者有意隐藏了部分可能令他害羞的现实，从这一角度出发刨根问底是错误的。事实上，患者害怕暴露的虚假一般都存在于潜意识中，他并没有想过要费心隐藏。如果让患者感受到他在潜意识中可能担心一些实情被暴露，他就会更加责怪自己，这对推动分析工作的进一步进行没有任何价值。如果精神分析师难以看出患者被自己内心的冲突困扰着，一直着眼于患者描述的性经验或者具有破坏性行为的细节，采用限制性思维思考细节上的问题，并就此深入研究，就不会对患者走出暴露的恐惧产生任何有利的影响。

所有的环境都可能让患者感受到暴露的恐慌，患者感觉自己正在面临一场考验。认识新朋友，换一个新的学习环境，投入一份新职业，参加考试、集会，或者加入某种讨论等任何让他处于鲜明地位的活动都属于这类场景。患者一直认为，失败就意味着暴露，不管他成功了多少次，这种恐慌都不会因此减少，在他看来，成功只是因为走运，有幸逃过一劫，如果下一次失败了，就一定会暴露，所以他更加相信自己就是一个骗子。这种逻辑思维的表现之一是很害羞，尤其是在新的分析环境中，这一表现特别明显。此外，患者一旦受到众人的夸奖和喜爱，就会格外小心，这也是一种表现，他总是想："目前他们还很欣赏我，但如果他们认识了真正的我会怎样呢？一定不会再喜欢我了。"这种小心也许是有意识的，也许是无意识的。分析的目的是寻找问题的根源，所以在分析过程中，这种恐慌自有其价值。

患者只要产生新的恐慌，就需要增加新的防御方式。患者为了消除暴露的恐慌，有时候甚至会采用两种彼此矛盾的方式。至于究竟是哪两种方式，这取决于患者本来的性格结构。患者面对每一次分析，都像是面对一场考验，他希望能够回避这种场景。如果避无可避，他就会超限自控、沉默不语，或者是展现不真实的自我，让自己更加神秘。这是一种方式。与之相对的方式是，对暴露毫不在乎，他努力让自己变得坚不可摧，这是一种无意识的方式。第二种方式不仅是防御方式，也是对抗型患者经常采用的一种欺骗手段，可以用来影响那些他想要利用的人。分析师如果试图影响那些具有公开施虐倾向的患者，他在这方面开展的任何工作，都会受到患者这种奸诈的对抗。在之后的讨论中，我们会了解，这一特点为什么恰好符合患者的性格结构。

那么，患者究竟害怕暴露什么样的现实呢？一旦暴露，患者又会面临什么状况呢？只有找到这两个问题的答案，我们才能够明白患者为什么害怕暴露。在之前的讨论中，我们已经回答了第一个问题。想要找到第二个问题的答案，我们必须着手研究患者为何害怕被人讽刺、侮辱、蔑视，这种恐慌是防御结构作用下产生的另一种恐慌。患者的防御结构不够稳定，使他害怕平衡受到破坏；无意识的欺骗，使他害怕暴露；不断受挫的自尊心，使他害怕被侮辱。在之前的讨论中，我们就曾谈论过这一问题。塑造理想化形象，或者外化过程，都是患者试图修复已经受到损害的自尊心的方式，但就像我们之前了解的情况那样，这两种方式进一步伤害了患者的自尊心。

随着神经症的发展，患者的自尊心不断变化，构成了两条彼此相交的运动线。一条运动线表现为患者真正的自尊心不断下滑，而虚伪的自豪感却不断增强。患者的自豪感来源于他认为自己比他人更加友善、更加勤奋、更加聪慧、更加特别等；另一条线表现为患者不断贬低真实的自我，高估虚伪的他人。在压制、理想化形象和外化的联合作用下，患者总是把自己当成一个缥缈的幻影，虽然这并非现实，但患者就是无法正确认识自我。此外，患者对他人的恐惧感越强，对他人的依赖感就越强，他不断把自己放在附属品的位置上，注意力转向他人，不关注自我，甚至把自己的合法权益也心甘情愿地让给他人。这使患者完全不在乎自我评价，而将注意力全部放在了他人对自己的评价上。在他们心中，他人的看法是完全正确，不可能错误的。

综合上面的讨论，我们就能够明白，为什么神经症患者在讽刺、侮辱、轻视面前会那么懦弱。在各种神经症结构中，我们都能看到这种现象，因此，它是一个极其敏感的因素。患者很难不害怕被轻视，即便只是降低这种害怕的程度也很艰难，因为导致这种恐慌的因素实在太多了，想要减小这种恐惧，只能先减少神经症。

一个十分普遍的现象是，患者因为这种恐慌感而回避他人，甚至敌视他人。更重要的是，患者可能会因为这种恐慌而失去生活的能力。在生活中，他不会对他人有任何期待，也不会制定一套衡量他人的标准；如果他在某些方面比他人差，他就会惧怕靠近那些更强大的人；即便他形成了自己的观点，也没有勇气表达出来；即便他们的创造力很强，也不会应用于实践；他们害怕追求更好的工作，不敢对他人动情，不敢提高自身的气质……也许他也曾尝试过努力，但因为害怕被人讥讽，最终总会选择安稳和沉默，似乎这才能让他们感到安全。

除了我们讨论过的这些恐慌外，还有一种更加隐蔽的恐慌，那就是对自身改变的恐慌。这可以说是神经症发展中所有恐慌的联合体。患者通常会采取两种极端的方式应对这种恐慌。或者毫不关心，认为在将来的某一天，所有的麻烦都会主动消失。或者急切地想要改变现状，虽然他可能都不清楚问题的实质。患者采取第一种方式的思维逻辑是：他看到了自己的不足，明白了问题的一部分，自认为首战告捷；他发现想要找回真正的自我，需要完全改变倾向和心态，这让他感到惊讶、恐慌；他虽然看到了这一做法的利弊，但却习惯毫无意识地回绝。采取第二种方式的患者虽然明确表示自己已经努力改变了，但实际上并非如此，这只是在欺骗自己。第一，患者会坚决否认自己的不足；第二，他相信只要他愿意解决问题，所有的问题就会迎刃而解，因为他认为自己无所不能，这完全是一种无意识的想法。

　　让患者感到恐慌的不仅是自身的改变，更是这种改变可能导致的更加混乱的状况。他担心塑造的理想化形象崩塌后，自己成为令人厌恶的样子；他担心分析师的分析会让他支离破碎，毫无用处；他担心他会像所有的俗人一样；他担心毫不知情的未来；他担心所有的满足感和安全感被摧毁；他甚至担心无法做出改变。至此，神经症患者完全无望的生活状态展现在了我们的面前，这让我们更加理解这种恐慌了。

导致这些恐慌的是那些未化解的冲突。在这些冲突的作用下,我们难以直面真实的自我,因此,只有我们有足够的勇气面对这些恐慌,才能够重塑完整的人格。如果这些是我们自我救赎的必经之路,那我们一定要勇往直前。

第十章 人格枯竭

　　未化解的冲突对患者造成的危害是我们难以想象的，到目前为止，还没有人对这一领域进行过深入研究。但我们可以就患者表现出来的一些特殊症状进行深入研究，如醉酒、抑郁、癫痫和精神分裂症。我更希望从常见的宽泛的角度来讨论这一问题，我们需要带着问题进行研究：还未化解的冲突究竟是怎样损耗我们精神、破坏我们人格、夺取我们生活情趣的呢？只有明白具有这些症状的人有什么特点，我们才能够看清楚这些症状。这正是我坚持以上方法的原因。现代精神病学领域中，包含着一种倾向：企图采取一种简单的理论设想解释所有已经发现和没有发现的症状。从临床角度来说，精神分析师的这种做法可以理解，但是这并不符合科学原理，因此没有实际操作性。这和建筑师企图在没有牢固地基的情况下建造空中楼阁一样。

在之前的讨论中，我们已经讨论过部分这一问题包含的因素了，现在我们只是补充一部分而已。虽然前面已经讨论过一些潜在的因素，但现在的补充还是很有必要的。本书的创作目的在于传达给读者一个整体清楚的认知：冲突破坏人格的方式多种多样。只告诉读者未化解的冲突存在危害，这种模糊的说法不是我真正想告诉读者的。

患者必须带着冲突生活的原因在于，冲突以及患者为了解决冲突付出的所有不正确的努力，但这种生活方式是对生命的不负责任。一个人格分裂的人，无法把注意力集中在某一件事情上，在同一时间，他可能想达到两个或者更多彼此矛盾的目标。他在毫无意识的情况下，浪费精神，或者分散注意力到多件事情上，这和皮尔·金特十分相似，他认为自己无所不能，可以把所有事情做到完美，这是他塑造的理想化形象标准。我遇到过这样一位女性患者：她一方面希望自己能够成为一个完美的贤妻良母，上得了厅堂，下得了厨房，但同时她又希望自己能够成为一位职业女性，总是精心打扮自己，英姿飒爽地出席各种政治社交活动。她既想成为家庭妇女，又想成为职业女性，又想有桃花运，多方面的要求注定了她的失败，这一点毫无疑问。最终，她的全部精力都被浪费了，即便她有无限的潜力，我们也必须承认没有一个人能够在所有方面都做到完美。

还有一种十分常见的现象，就是虽然只有一个目的，但是动机和目的却完全相反，这也会导致最后的失败。我见过一位患者，他希望能够成为他人的良师益友，所以，他控制他人，希望所有人都能够服从命令，但实际上这种做法永远也达不到目的。还有一位患者希望孩子能够成为栋梁之材，但在教育过程中却执着于家长的特权，他也无法达到自己的目的。还有一位患者希望自己能够成为一名作家，但是只要拿起笔他就会感到疲劳甚至头疼。我们具体分析这一案例，如果他真的具有创作才能，怎么可能提笔无言呢？这其实是理想化形象的作用。当他创作不出影响力巨大的作品时，就会自我怨恨。他认为，自己的思考虽然意义非凡，但很有可能和他人重复了，如果想要在会议中同时提出，他就必须彻底压倒对方，得到所有人的支持，那么，他的文章必须绝对精彩。但是,他又不自信,不敢相信自己真的具备这种能力,当自卑感外化后,他就会十分恐惧来自他人的讥讽。这会导致他失去思考的能力,即便有什么好的想法,也不可能将其变成现实。还有一位患者带有施虐倾向,他身上有卓越领导者的潜力,但他的这一倾向却导致他和身边的人总是处于敌对状态。其实,我们并不需要大量列举案例,因为只要我们耐心观察身边的人就会发现很多这样的案例。

一般来说,患者的逻辑思维都不够清楚严谨,但也有例外。神经症患者有时候表现出的专注力让人惊讶。例如,部分男性可以不顾一切后果,甚至放弃尊严,追求梦想;某些女性患者为了获得爱情,甘愿放弃一切;某些盼望孩子成才的父母,把全部的精力投放在孩子身上。从表面看,这些人十分专注。但这并非现实,他们的专注只是一种表面现象,其目的是解决隐藏的冲突,这只是一种带有欺骗性质的战略手段,和我们之前讨论过的案例很像。他们的专注不代表人格统一,只能说明他们绝望了。

不是只有彼此矛盾的愿望和倾向才会损耗分散注意力,在神经症患者的防御结构中也有很多因素具有类似的功效。我们很难看到患者人格结构中的基本冲突,因为其中的一些因素被压制住了。虽然这些因素还没有足够的能力成为患者的核心影响力，但是它们却很积极，已经足以对患者产生影响了。患者为了压制潜藏的冲突因素损耗了大量精力，根本没有足够的精神树立自信、和人相处并维护良好的人际交往。我们讨论的另一个因素是自我疏远，这同样会让患者停滞不前。在这种状况下，患者依然可以按要求完成工作，依然可以顶着巨大的压力更加勤奋，但是他却失去了独自处理问题的能力。他的创造力已经基本消耗完了，即便完成工作后还有空闲的时间，他也没有什么成就，更不会感到快乐。

多种因素结合起来，对大部分患者就像是一张巨大的网，控制着他们人格的发展。想要彻底清除某种压抑感，我们必须不断考察并从我们已经讨论过的各个方面分析处理它。

如果存在还未化解的冲突，患者就会有三种混乱失衡的表现，这三种表现都可能会浪费精力或者使精力用在错误的地方。左右摇摆是第一种表现。这种症状可能会出现在生活中的任何一件事情上，即便是一些琐碎的小事也会受到影响，如选择吃哪种菜，买哪个箱子，看电影还是听收音机，这些烦琐的小事也会让患者左右摇摆，无法决定。他根本无法选择自己想要做的工作，不知道被录用后应该怎么办；无法在两位女性中做出选择；无法决定结束婚姻还是继续将就。如果给他一个必须做出选择的选择题，他会感到惊慌失措，疲惫不堪。

这类人总会在潜意识中逃避选择，虽然有些时候他的左右摇摆很明显，但是他自己根本意识不到。他们总是有意回避那些必须做出决定的问题，希望能够不断延迟做出决定的期限。他们希望有人能够替自己做出决定。他们很容易与机遇失之交臂。他们也可能会使事情朝着更加混乱的方向发展，这样决定就没有那么重要了。这类患者很难看到自己毫无目的的样子。他会毫无意识地隐藏自己的左右摇摆，因此，在接受精神分析的过程中，他很少埋怨这些，但是现实生活中他已经被这一问题团团围住了，这种现象很常见。

损耗精力的第二种状况是效率较低，这也是一种十分常见的典型症状。这里的效率较低是因为受到了内心冲突的阻碍，潜力难以完全发挥，并非人们在某一领域中专业技术水平不高、不熟练或者缺乏兴趣等因素导致的。威廉·詹姆斯在他的作品中曾讨论过一种没有被开发出来的潜力，当人们面对巨大的外界压力时，仍然坚持不懈，虽然身体和心理上都很疲惫，但没有半途而废，这就会激发出他的潜力。这和我说的效率较低也不一样。我这里说的效率较低，可以恰当地比喻为患者踩着刹车发动车子，使其前行。他做事总是拖拖拉拉，但这并非他真正的实力，也不符合他工作的难度。他并不是没放在心上，不尽力而为，相反，他做每一件事情花费的精力都比正常人多很多。例如，他需要花费几个小时的时间才能够完成一份报告，或者学会一个简单的操作。妨碍他行动的因素太多了。他根本没有抗争的想法，因为在他看来，很多事情都具有强制性；他强制自己不断完善每一个细节；一旦他发现自己的表现没有之前那么好时，就会质疑自我、恼怒自我，这和我们前面讨论过的案例很像。效率较低的表现不仅有拖拖拉拉，还有容易忘记、手脚笨拙等。有一位能力很强的家庭妇女或者女佣，把做家务当成是一种比较卑贱的工作，所以她抵触认真工作。实际上，她不仅在做家务时没什么效率，在其他事情上也是如此，这种情况在她的生活中十分普遍。从她的角度考虑，在这种心态下工作，她需要花费更多的时间恢复精神，一定会容易疲惫，因为她在工作中承受了巨大的压力。这种心态使得她做任何事情都需要花费更多的精力。这不就是踩着刹车发动车子吗？

效率较低和潜藏的压力并不只是表现在工作中，在人际交往中也具有鲜明的特征。如果一个人想要认识新朋友，但又觉得这一举动有逢迎他人、委屈自我的嫌疑，就会抵触与他人交往，做事不够自然。他希望得到他人的礼物，但同时也认为这样就像是在向他人索取，有失身份。他希望靠近他人，但又担心被拒绝，所以表现得娇羞内向。他希望他人给自己一些建议，但是又希望能够按照自己的想法做事，所以变得左右摇摆，不能自拔。他渴望和性伴侣保持性关系，但同时也想报复对方，因此总是态度冷淡。这种案例太多了。这表明，患者身上彼此矛盾的冲突越多，承受的压力就越大，为生活付出的代价也就越高。

患者很少能够意识到内心的压力，只有当其内心的压力强大到一定程度时，他们才能够稍微感觉到，这种情况发生的次数很少。有时候，他们暂时轻松休息时，身体和内心自由的感觉会让他们意识到之前自己承受了巨大的压力，这种对比太鲜明了。但他们意识不到压力的真正来源，总认为这是休息时间不足，身体亚健康或者工作时间过长等导致的。虽然这也是患者感到疲劳的一部分原因，但并不是最主要的原因。

普遍怠慢是第三种常见的混乱失调的表现。他们因为自己的这个毛病遭受了太多的折磨，所以经常因为懒惰自责，但这并不意味着他们真的意识到了自己的懒惰，这种自责并不是真心的。现实是他们抵触任何努力，且他们知道自己有这种抵触情绪，于是为自己找了各种各样的理由，使抵触看起来合情合理。他们把自己看作智慧的替身，而把具体的工作推给他人。当抵触努力的程度不断加剧时，就会演变成害怕，害怕付出努力后得到的结果弊大于利。这种害怕并不神秘，患者能够意识到自己很容易疲劳，这就是最好的证明。如果精神分析师以看到的疲劳表象为根据向患者提出建议，只会导致患者的疲劳感更加严重。

神经症患者的怠慢，代表他们失去了主动性和行动能力。造成这种状况的主要原因是自我疏远严重，失去了生活的目标。患者面对一切总是很紧张，他抵触任何努力，所以生活中几乎没有激情可言，即使偶尔表现得很兴奋，也不足以扭转全局。对这一症状影响最大的就是患者塑造的理想化形象和施虐倾向。在患者的眼中，如果他和他人一样勤奋努力，那自己就没什么特色了，这并不符合他塑造的理想化形象，因此他更愿意相信自己本身就很优秀，不需要再付出什么。但是理想化形象树立的自信心总是淹没在患者的自卑感中,这剥夺了一切工作实践带来的快乐和刺激,他自认为没有能力承受意义重要的事情。在施虐倾向的作用下,患者面对任何带有攻击性质的事情都会本能逃避,特别是当患者本身就有些抑郁时(这是施虐倾向倒错的表现),患者为了改变原来的错误,经常会采取极端的手段,但总是矫枉过正,导致患者出现精神瘫痪的症状,只是程度有所不同而已。普遍性怠慢不仅能够影响患者的言谈举止,也能够影响患者的情绪,影响力巨大。还未化解的冲突太损耗精力了。实际上,神经症是特殊文化发展的结果,它对人类的品德和潜力具有强大的负面影响力,而神经症反应正好控诉了现代的文明制度。

还未化解的冲突不仅会造成患者的精力不集中,同时还会分裂患者的价值观,包括道德原则、行动、感情和心态等,这些分裂不仅会阻碍患者自身的进一步发展,也会阻碍患者和他人之间的关系。道德原则被分裂,会使整体的道德受到破坏,换句话说,就是这会伤害道德诚信,就像注意力分散会造成浪费一样。患者想要隐藏彼此矛盾的观点,由此陷入了分裂性的内耗,看不到尽头。

彼此矛盾的道德原则同样会影响基本冲突。患者尽力调整冲突，但是依然无法避免负面影响。换个视角看，患者其实从没有重视过任何一种道德观。从实质上说，理想化形象虽然含有真正理想的成分，但它依然是虚幻的，二者的关系就像真假钞票一样。在患者眼中，如果精神分析师没有足够的经验，根本意识不到哪些是虚幻的理想，哪些是真正的理想。神经症患者有时候会坚信自己正在努力实现的就是真正的理想，他会拼尽全力，一丝不苟地做事，尽量避免任何失误，一旦出现差错，就会不停自责；或者他会在讨论和考虑价值观与梦想时，自我沉醉。患者能够意识到自己追求的目标并没有为生活提供动力，所以这并不是真正的理想。他愿意努力实现的都是一些有现实价值且难度较低的目的，至于其他的目标，患者轻易就会放弃，根本不在乎。在讨论盲区作用和区隔化时，我们已经看到过这类案例，真正有追求的人是不会这样的。人们不会轻易放弃真正的理想。某位患者相信热爱着某份职业，并对此付出了巨大的努力，但实际上他经受不住任何诱惑，一丁点利益都可能引发叛变。

诚信减少是道德诚信受到破坏的显著特征，人们变得更加自私虚假。在日本的一些禅宗经典中，我看到了一个有趣的说法：真诚的人内心都十分完整。这和我们通过临床试验得到的结论完全一致：内心分裂的人很难做到真诚。

徒弟：传闻，狮子在追赶任何猎物时都会拼尽全力，无论猎物是大象还是兔子。这究竟是一种怎样的力量呢？弟子困惑，还请师父解惑。

师父：率真诚实的力量（表面上看是"不欺骗的力量"）。

率真诚实就是不欺骗，可以做到拼尽全力，将全部的精力投放在某一事件中……这意味着绝对的真诚，既不会白白浪费一点精力，也不会有所保留。一个人如果能够做到这一点，就会成为一头猛兽。这是率真、诚实、雄壮、人格完整的人的特点，做到了这些，就可以成为圣贤之人了。

虚假自私属于道德领域的问题。其动机在于先考虑自身利益，忽视他人利益。在患者的眼中，任何人都是自己通往成功的道路上可以利用的人，他们只是一种工具，并不具备和自己同等的地位与权力。他喜爱他人或者迎合他人是为了减轻内心的忧虑；感化他人是为了维护自尊心；他不具备承担责任的能力,因此总是推卸责任,责备他人;他需要成功来支持自己,所以不断打败他人,等等。

在本书的前一部分,我们已经详细讨论了多种个体表现出的不同损害,如果再详细讨论就有些烦琐了,而且这是一个不太现实的任务,因此这里我们简单概括回忆一下。我们把施虐倾向放在最后讨论,因为它是神经症发展的最后阶段。我们最先讨论那些特别鲜明的表现。不管神经症的发展方式是什么,没有意识的虚假都是十分重要的因素之一。接下来,我们着重讨论部分无意识虚假的现象。

不真实的爱。"爱"不仅包含着复杂的感觉和心愿,同时还包括主观上认为是爱的感觉,种类繁多,让人惊讶。爱可以指那些自认为无法独立生活的人宣召的寄托性期待,他们认为自己太过懦弱空虚了。爱也可以表现为人们某种强烈的渴求,就像是喊着爱的名号追求权力、声望和胜利等,这在攻击性倾向的人格中很普遍。爱也可以是一种需要,需要战胜他人、控制他人;或者完全进入对方的世界,借助他实现自己对生活的追求;或者渴望他人称赞自己认可的理想化形象的需要。在现代文明环境中,上述各种因素相互作用,使得爱越来越复杂,它不再是单纯的温柔,而掺杂了叛变、虐待等，我们经常会有这种感觉：爱总是伴随着埋怨、冷酷、嫌弃。事实上，这些爱都不真实，引起这些虚假的爱的倾向和感觉根本经不住考验。真正的爱不会这么容易被改变。我们必须承认，无论是夫妻关系、父子关系，还是朋友关系，都含有不真实的爱。

不真实的善良。和不真实的爱一样，其中包含了怜悯、大方，这是顺从型患者中常见的一种现象。这种虚假的现象，在攻击性倾向的压制下，在理想化形象的作用下，不断发展，越来越虚伪。

不真实的学问和爱好。这种虚伪一般出现在那些自我疏远的人和自认为超限自控可以控制生活的人身上。这类人看起来十分全能，几乎可以达到任何标准，他们对所有事物都充满激情。还有一种人也存在这种虚假的现象，但是他们的表现更为隐秘，很难被发现。他们看似全力投身于某一事业中，但实际上却在追求权力、金钱和胜利。

不真实的公平、率真和诚实。这种虚伪经常表现在对抗型患者身上。如果患者带有鲜明的施虐倾向，那这种虚伪就会更加严重。他认为，除了自己以外的所有人表现出来的友善和爱都是虚假的，他并不伪装成友善、孝顺、慷慨或者热爱祖国的模样。其实，从另一个角度来讲，患者的这种自认为的率真诚实，不也是一种虚伪的表现吗？他总是在惯性的作用下拒绝肯定传统价值观，他以极端的方式否定一切大众看法。他总是说"不"，但他并没有自己想象的那么强大，他只是希望能够战胜他人。他自认为，讥讽嘲笑他人就是真诚的表现；他所说的"公平"不过是为了利用他人达到自己不可告人的目的。

不真实的痛楚。人们总是怀疑这种虚伪，因此我们会详细讨论这一点。那些信仰弗洛伊德理论的科学家们和经验不足的精神分析师，都坚信神经症患者需要被虐待，这是他们的心愿，他们需要受到惩治，需要痛楚。我们了解的很多资料都证明了这一点。在学术用语"需求"中含有太多的理智罪行。神经症患者真正承担的痛楚远远超过了他感受到的痛楚，而患者只有在慢慢康复的过程中才开始感受到痛楚。但是，那些认为神经症患者需要痛楚的人却看不到这一点。确切地说，他们不知道还未化解的冲突给患者带来了多大的影响，患者是被逼无奈接受痛楚的，并非他们所说的渴望痛楚。如果某位神经症患者允许自己人格被割裂，一定是因为内心某种具有强迫性的需要导致了这一现象，而不是患者渴望这样。如果患者真的宅心仁厚、平易近人，他一定会在被打了一耳光之后把另一边脸也凑过去。但显然，患者并不是这种人，如果他这样做了，只会更加鄙视自己。他只是担心自己无法控制攻击性冲动，发展到另一种极致，让自己承受他人的虐待。

神经症患者都喜欢夸大不幸和痛楚，这使他们看起来就像渴望被虐待。他们确实感觉到了苦难，并且喜欢自豪地讲述自己的苦难，但他只是为了达到自己不可告人的目的，或者是请求他人的谅解，或者是赢得他人的关爱，或者是减少对复仇的压制。他只是利用这一点维护自身利益，达到某种目的，这是一种无意识的举动。根据神经症患者的感情和感受现状，我们完全可以相信这是神经症患者实现自我追求的唯一选择。此外，患者经常喜欢从外部环境中寻找自己痛楚的原因，使自己看起来特别无辜，但这并非事实，很多时候，他的借口明显不成立。这是毋庸置疑的现实。有时候，患者也会意识到自己错了，并且十分自责，难以释怀，但导致患者懊恼的根本原因并非错误，而是真正的自我和理想化形象之间存在差距。例如，当伴侣提出分手时，他会感觉整个人生彻底坍塌了，他以为是自己太爱对方了，但实际上只是因为他不具备独立生活的能力，才会感觉恐慌，不知该在什么地方落脚。此外，患者的感觉也未必真实，当他以为自己很痛苦时，也许他只是气愤。简单举例说明，某位女性患者的伴侣没有定期写信给她，这让患者感到十分痛苦，但实际上她的情绪是气愤。也许她无法容忍伴侣的任何疏漏，认为这是对自己的无视，也许她希望所有事情都按照自己的意志发展。这一案例中的女患者并不愿意接受自己生气的现实，更不想知道生气的原因到底是什么，她更愿意相信自己感受到的是痛楚，并且会不断重复这一点。她不断重复的目的是掩盖烦琐关联背后的虚假。通过以上分析，我们应该意识到，任何患者都不可能渴望痛楚，我们能够看到的他们的痛楚不过是编造出来的，这是一种无意识的行为。

　　毫无意识的自豪也会伤害患者，只是这种方式更加隐秘。我们这里说的毫无意识的自豪，是指患者自认为他有条件鄙视或者为难他人，而实际上这种条件只是患者把自己具有的一丁点品德当成自己完全拥有某种品德。但患者本身根本察觉不到这种不合理，换句话说，神经症患者的自豪感只局限在潜意识中。但是，有意识的自豪和无意识的自豪之间的区别，并不是我们讨论的重点，我们需要把注意力放在鲜明的自豪感和被过分谦虚隐藏的自豪感的区别上。这两种自豪的区别并非程度深浅,而在于每种自豪感表现出的攻击性大小。如果一个人的自豪感十分明显,那么,他会理所当然地索要特殊权利,并且认为这没有什么不对。如果一个人的自豪感被隐藏起来,他会希望他人主动给予他某种特殊权利,而如果希望渺茫,他就会感觉受到了伤害。两者的相同之处在于他们否认自己存在缺点。但实际上,我们每个人都有不足之处,他们正是缺少这种直面现实的谦逊心态,特别是在承认自己有不足这一点上,当然,这种承认不仅是表面承认,更是从心里自省。在我的临床经验中,我发现没有一个患者自愿思考自身的不足,同时他们也很抵触他人讨论自身的不足,只是在那些隐藏自豪感的人身上,这种状况更加鲜明。他们宁可承认自己不够细心,也不愿意如圣·保罗一样承认自己"知道的并不多",这对他们太难了。他们并不相信自己没有维持最佳状态的能力,而将这种状况归咎于自己不够认真或者缺少耐心。隐藏自豪感倾向中最常见的现象是自我责难(伴随产生的内疚感)和掩饰的气愤(因他人无视或责备自己而愤怒)之间存在的鲜明冲突。过分谦虚的患者总会想方设法掩盖受伤的感觉,分析师需要格外留心才能够意识到这一点。患者真正的模样其实和傲慢无礼的人一样，对他人要求严格，教训他人时不给任何辩驳机会。他看起来很谦虚，对他人充满了敬仰，但实际上，他内心真实的想法却是如果每个人都能像我一样完美多好啊！显然，他从未从心内尊重过每个人的个性。

观点模糊，以及由此产生的意外，也是道德范围内的不足之处。这类患者评判某个人、某件事或者某种想法时通常会按照自己的主观意愿进行，而不考虑客观现实。但由于患者的主观需求总是彼此矛盾，所以患者的看法也总是瞬息万变。很多患者就像是在毫无意识的状态下，被爱好、特殊权利、声望和"自由"收买了一样。在患者和自我的关系，患者与集体的关系中，我们都能够看到这种现象。这导致患者很难表达清楚自己对他人的观点和感觉。他很有可能因为他人的失望和鄙视，或者自认为受到了他人的鄙视，就和人绝交。很多没有现实依据的想法都会影响他的态度，只要遇上一丁点的挫折，他们的绝对热情就会变成冷酷无情。他们的政治信仰、科学观点、宗教信仰很有可能因为一点私人恩怨而产生变化。在私人交谈中，他也许会简单表明自己的部分观点，但是只要某些团体和权威人士施压，他就会立刻让步。他们根本意识不到自己随意改动了看法，更别说探究改变的原因了。

　　神经症患者会避开明显的犹豫不决，一般不会第一个发表观点，他会一直观望事态的发展，像墙头草一样，给自己留有改变态度的空间，这是一种毫无意识的行为。他被虚伪的公平控制着，看起来很无奈，经常以"情况复杂"为理由解释自己的态度，使其更加合情合理。当然，我们并不否定追求公平的意义，某些情况下，从良心出发追求公平正义，的确很难让人坚持某一看法，但神经症患者追求公平的意义却在于向他人证明自己没有成见，只是一个圣贤之人，他不过是在理想化形象的强制下追求公平。患者总是以虚伪的客观公平作为自己的观点，他保持中立倾听双方观点，总感觉双方的观点未必是彼此矛盾的。如果患者身处一场辩论中，他会认为双方的观点都有道理，但却从未通过表象认真观察问题的实质，他不具备这种能力。

　　神经症患者的类型不同，在这一方面的表现也会有所不同。疏离型患者对私欲和"爱"没有什么兴趣，他们会尽力避免普通的亲密关系和非正常竞争，同时，他们总是以局外人的身份看待自己的生活，也就是说，他们的评价具有一定的客观性，这使他们看起来更加真诚。但是这并不代表疏离型患者都可以形成自己的观点，他们讨厌加入讨论或者发表观点，也许他们内心根本没有主见。患者总是跟随他人的是非观来发表自己的观点，最多也只是记住了这种观点有没有切实依据，换言之，患者根本没有自己的观点，即便有也会是混乱模糊的。

对抗型患者看似很有主见，他们会竭尽全力维护自己的观点，绝不退让。我一直以为神经症患者根本没有自己的观点，更别说是形成自己的判断了，对抗型患者的这种表现似乎否定了我的看法，特别是在他们坚决认定自己完全正确时。实际上，他们的这种表现并非现实，患者针对某一问题表明自己的观点，是为了坚持而坚持，并不是真的确信自己是绝对正确的。我们从他们的看法中能够看到鲜明的盲从性和教条性，他们坚持自我观点是为了减少内心的困惑。一旦权力和胜利的诱饵足够大，他们就会轻易改变自己的观点。对权力和名誉的追求使得他们并不值得被完全信任。

"责任"的含义丰富，它代表着人们全身心地去履行某种义务的可能性，而神经症患者对待责任的心态会让我们感到毫无道理。神经症患者能否全身心地投入，完全取决于其性格结构，因此，神经症的类型不同，其表现方式也会有所不同。部分神经症患者认为只要他的行为对他人产生了一定的影响，他就需要承担责任。不过，这也有可能是他为了达到控制他人的目的为自己找的借口。认为自己应当承担责任，应当被指责，这种态度看似是负责任的表现，但实际上，只是患者一种恼怒的情绪，和真正的责任毫不相关，它产生的原因是患者没有达到理想化形象的要求。

对自己负责任代表了什么呢？如果我们清楚了这一问题，自然就理解为什么神经症患者难以对自己负责了。当然，他们并非完全做不到，只是做到的概率实在太小了。首先，神经症患者必须在言语、行动、思想等方面对自己坦诚，对他人坦诚，才能够承受后果，担负责任。欺骗和推脱责任都处于承担责任的对立面。神经症患者在做某件事情时，并不清楚自己的行为，更别说是动机了，他对这些毫不在乎，所以很难对自己负责。这导致患者总是想方设法推脱责任，或者借口自己粗心大意了，或者借口意外，总之，他会为自己找到很多理由，有时候，患者也会坚决否认，选择忘记或者满不在乎。患者总是把自己承受的一切归咎于爱人、同事或者精神分析师，他习惯把错误推给别人，或者从事情中抽身。此外，在患者塑造的理想化形象中，他是全能的，根本不需要承担任何责任，有时甚至连后果都搞不清楚。这种无所不能的心态给患者找到了更好的推脱责任的借口，只要他想做，就没有做不到的，包括推脱责任。一旦患者意识到这种后果无处可避时，所有的感觉都会彻底崩塌。

此外，还有一个因素，这一点在神经症患者身上十分普遍，我们从他们的大脑中似乎只能提取到两个词语——"错误"和"惩治"。换句话说，他们天生就不会利用因果关系思考问题，这是本能的不足。在接受精神分析的过程中，分析师引导患者坦然面对自己内心的冲突，正视冲突可能引发的后果，但大多数患者都会认为精神分析师是在责备他。即便不在分析的场景中，他也总是躲藏在自己的防御工事中，因为在他眼中，每个人都怀疑自己、敌视自己，就像自己是一个犯人。但我们可以确定，这只不过是患者内心活动的外化，所有的怀疑和敌视都是理想化形象引起的。他的内心世界守卫森严，疑神疑鬼，在心理活动的外化作用下，他根本无法进入问题，更别说从因果关系考虑问题了。但是，为什么天降大雨的时候，他不去责备他人呢？这是因为只要问题不牵扯到患者自身隐藏的问题，他的表现就很正常，他完全可以接受这种偶尔的关联，尊重事实。

为自己负责，不仅仅是为自己的错误买单，还包括坚持我们认为正确的事情，不管是做出的某个决定，还是进行的某一行为，都是如此。但是，患者根本无法达到这一标准，因为在内心冲突的作用下，患者的判断力完全支离破碎。他根本不知道应该走哪条路，或者说哪条路可以走，因为全部方向都彼此矛盾。一旦他们找不到可行性举措，就会选择求助于理想化形象，自欺欺人，他完全相信自己是正确的，绝不允许自己出现差错，一旦发现存在错误的可能性，他就需要为自己找好退路，为推脱责任找到借口，这样才能维护自己永远正确的表象。

我们通过一个简单的例子更进一步解释这一问题。某个位高权重的人希望在本部门保持绝对的权威；如果他从这个部门离职，就会导致部门难以正常运作，无法做出任何决定，无法完成任何工作；他自认为见识远远超过了众人；即使他了解到部门的多数同事都曾受过专业的训练，具备处理事情的能力，但他依然坚信下放权力是一种对部门不负责任的行为，是不正确的；他认为这个部门只有他是无法取代的，其他人都可以随时撤离，他不想让他们变得至关重要；

当他没有达到自我标准时，他会借口说事情太多了，根本忙不过来。他不仅想要控制他人，也想要服从他人，成为一个理解他人的人。对于还未化解的冲突，患者表现出了我们提到过的全部症状，疲劳、懒惰、拖拉、左右摇摆等。这些症状导致患者出现了很多新的困惑，难以合理安排时间。他自认为遵守时间带有某种强迫性，所以他很讨厌这种方式，更希望享受他人等待自己的感觉。他还为了满足虚荣，做了很多可有可无的事情。显然，这种人绝不是称职的人，但他却自认为完美无缺，把一切错误都推给了他人或者外部环境。

再来看我们之前讨论的问题，这种人可以为自己的某种行为承担责任吗？在他身上，我们能够同时看到控制和服从迎合的倾向，但他并没有意识到这一点。即便患者意识到了这一点，也不会放弃其中一种倾向，将自己转变成另一种人格，因为在患者眼中，这两种倾向都具有强迫性。在理想化形象的作用下，患者只能看到自己的优点，他认为自己志向远大、潜能无限，但他根本看不清真实的自我。因此，他没有能力为冲突造成的结果承担责任。负责对他而言意味着暴露一切自己想要隐藏、遮盖的东西。

神经症患者一般都不乐意（无意识的）为自己行动的结

果承担责任，即便结果鲜明，他也会视而不见。在无所不能的自我认知中，患者几乎不会承认自身存在冲突，即使承认了，他也认为这并不是件多么复杂的事情，认为是很容易解决的。无论是否有意，患者总是逃避问题中的因果关系，避免为产生的问题负责，他更愿意推卸责任，责怪他人。其实，只要患者承认问题的因果关系，他就能获得利益，至少他可以了解到自己病态的生活，因为因果关系的存在已经很好地证明了这一点，但患者却不愿意这样做，他更倾向于无意识地想方设法躲避。这些奸诈的手段对我们精神生活的原则影响不大，但是这些原则却一直影响了包括精神世界在内的我们生活的全部[①]。

患者每次提到"责任"，都会很失落，这是因为他已经身不由己地把关注点放在了"责任"的负面影响上。患者渴望独立的最大阻碍就是逃避责任，也许刚开始时，患者对这一点毫无意识，但随着时间的推移，患者就会注意到这个问题。患者一直以为只要有胆量承诺一件事情，就代表着独立

---

① 详见《啼笑皆非》，作者林语堂。在《成绩》这一篇中，他说自己十分懊恼：为什么西方文明对于这些精神法则如此不理解。——原注

了，但事实并非如此，一个人只有敢于承认责任，学会对自己负责，才能够得到真正的自由。

神经症患者逃避责任，否认苦难来自于内心冲突的方式主要有三种。有些时候患者会采取三种方式中的一种来达到目的，但大多数情况下，患者会选择三种方式联合作用。

第一是外化，神经症患者对这一方式的运用已经游刃有余了，他可以把自己的问题原因想成是爱人、亲人、天命、健康、空气、食物等各种事物。他总感觉自己无辜，没有做错任何事情，却一直遭遇不幸，因此感到不公平，这种不公平的范围很广，如感冒、生病、去世、家庭内部矛盾、孩子体质较弱、领导同事不认可等。无论患者是否有意识，这其中都出现了两种失误。一方面，他忽视自己应该承担的责任；另一方面，他忽视那些严重影响他生活的客观因素，这些因素不会随着他的想法改变。疏离型患者经常使用这种办法，其中的思维逻辑很独特。

第二是这种人把自己当作世界的中心，所有事情都特别注重自我，这种心态使他很难将自己看成重大环节中的一小部分。无论是好是坏，他都不希望自己和他人有任何关联，他自认为只要时机合适，在未来的某一天，他一定会功成名就，享受生活。但对他人的疏远却给他造成了无数烦恼，这让他更加迷茫了。

否定遭遇苦难真正的原因是第三种方式。患者总是将自己扮成无辜状，面对所有的后果，他总会定义为意外，而不考虑自身问题。也许在他眼中，所有的恐慌和忧郁都是瞬间诞生的，根本毫无理由可言。也许患者并不了解自我，也许他对心理学一无所知，这都是有可能的。但是患者却坚决否认了精神分析师在分析过程中提出的所有假设。他或者否定因果关系，或者忽视它的存在，在接受分析的过程中，总是以为分析师的目的在于让他承担责任，而不是帮助他解决问题（这才是他就医的初衷），所以，他总是想方设法保留颜面。患者即便看到了自己懒惰的真实原因，也会刻意忽视这种懒惰引发的一系列后果，他的懒惰不仅影响着他的工作和生活，同时也影响了分析的进程。即便患者看到了自身的攻击性倾向，也不会想到这是因为他经常和他人发生矛盾，或者不被他人喜欢。他不会把生活的困扰和内心的烦恼联系起来，甚至认为两者毫无关联。把内心的冲突和其对生活的影响完全分离其实就是隔离倾向产生的原因。

神经症患者几乎不会承认自身存在某种倾向，更别说承认这种倾向的负面影响了，而精神分析师也很容易忽视两者之间关系的巨大意义，一方面是因为患者在想方设法地隐藏这些东西，另一方面是因为这些东西太过鲜明，分析师容易忽视其重要性。精神分析师的主要工作就是帮助患者看清自己不在乎后果的行为以及这种行为造成的负面影响，因为患者本身是意识不到的。只要精神分析师让患者感受到后果，就取得了巨大的成功，因为只有这样，患者才有可能建立起获取自由的信心，才能尝试改变内心世界。

如果神经症患者无法对自己的行为负责，如自我欺骗、蛮横、过度重视自我和推脱责任，那他们还有希望建立自己的道德观吗？也许有人认为，精神分析师的工作并不包括患者的道德观，所以不需要考虑这一问题，他们只需要考虑患者的症状和治疗方法。甚至有人提出，我们应当放弃"道德说教"，这样才能够保证科学严谨的态度，尊重弗洛伊德的理论，这也是他最重要的贡献之一。

但是这种存在争议的科学态度真的经得起实践的检验吗？分析师在分析人类行为举止时，真的可以不考虑道德因素吗？其实，分析师在进行分析时就已经运用了某些道德判断，因为他需要判断什么需要分析，什么不需要分析。虽然很多分析师极力否认这一点，但它却是事实。如果我们把这种判断建立在过于主观或者过于传统的基础上，必然会出现问题。例如，一些精神分析师会忽视男性生活作风的问题，而过度重视女性生活作风的问题，因为在他看来，男性潇洒是不需要理由的，因此，他开始重点分析男性和女性的忠贞问题。但从客观上讲，我们需要把神经症类型作为判断分析内容的标准。例如，患者的心态是否影响了他的成长，是否影响了他与他人的交往，这才是最重要的问题，因为，如果这些影响不尽如人意，就代表了这些心态存在问题，需要适当改正。分析师需要进行的工作是告诉患者为什么要改正心态，让患者做好心理准备。

最后，我要强调的是，我们前面提到的分析师的那种看法，从实质上讲，彻底错了，它已经默契地陷入了患者的思维方式。这种说法有什么理由呢？我们先来看这种看法的逻辑思维：道德观念人云亦云，每个人的判断都是不同的，根本不存在对错。但是这种思维方式却忽视了一个现实：所有的现实后果都和道德倾向息息相关。我们通过分析神经症性质中的蛮横倾向来说明这一问题，观察其引发的后果。分析师十分确定，患者应该看清自己的蛮横，这是他最后需要挑战的障碍，他别无选择。为什么分析师会有这种观点呢？或许是因为患者接受主日学校的教育，认为蛮横就是犯罪，谦逊才是美德，或许分析师认为蛮横无形中扩大了原本的事实，即便这种心态不需要患者承担责任，但也会产生负面影响，这种影响需要患者本人承受。在这一案例中，蛮横造成的结果是：患者看不清真实的自我，影响成长；蛮横的人对待他人往往有失公允，终会自食恶果，或者会因为很小的事情和他人争执，或者和他人的关系慢慢变远，这都会导致患者在神经症的道路上越走越远。所以，精神分析师最后不得不把注意力放在患者的道德问题上，因为患者的部分道德观是神经症的产物，同时又反作用于神经症，使其症状不断恶化。

第十一章 绝望

神经症患者偶尔可以带着未化解的冲突,从他乐意做的事情中得到短暂的满足,可是,因为受到多个条件的限制,他的这种快乐必定非常少。他觉得快乐的时候,只能是他独自一人的时候,或者一定是群居的时候,或者一定是他有支配权的时候,或者一定是所有人都高声表扬他的时候。他所感到的快乐所依存的条件通常相互冲突,这再一次减少了他得到快乐的可能。例如,某个人希望另一个人坐上领导的位置,可同时,他又满心愤懑。再比如,某位女士想举办一次家庭聚会,可是因为她是追求完美的人,所以聚会开始之前,她已经因为前期的准备工作而筋疲力尽了。丈夫的成功让她觉得自豪,可同时又心存嫉妒。这并不是说神经症患者是和快乐绝缘的,只是说他的这种快乐转瞬即逝,而且不堪一击,他的不足之处和对不足之处的害怕轻易就可以击碎它。

此外,对于神经症患者来说,即便是平常生活中的小事,在他看来都是大事。他不允许自己出现任何纰漏,虽然他难免会出错。因为他觉得出现纰漏就代表自己的价值没有得到肯定,所以,即便是一些微不足道的纰漏,都会让他陷入抑郁状态。假如听到别人评价自己,即便这个评价非常中肯,他的焦躁和担心也会更甚,于是变得更加不知足,更加抑郁。

这已经是极其恶劣的情况了,可是另一个因素的存在,却使情况更加糟糕了。大家都知道,给人希望,是让人从痛苦中解脱出来的灵丹妙药,可是对于神经症患者来说,未化解的冲突让患者感到绝望,而绝望的程度由冲突的深度来决定。乍一看去,患者是遵从自己的内心行动的,他自我觉得事情正在越变越好,可内心深处却掩饰不住绝望。男性患者也许会把希望放在婚姻身上,觉得只要娶了一位好妻子，他就会拥有一栋更大的房子，老板也会变得更加和蔼。女性患者则想象着，如果自己是一个男人，个子会高于现在，或矮于现在，年龄会大于现在，或小于现在，总之，情况要比现在好上一百倍。这些希望都是通过外在把他们内心的冲突展现了出来，看上去对消除他们的忐忑是有帮助的，可以在一定程度上帮助到他们，可是这样，只会让他们绝望的程度更甚。神经症患者希望通过外界的变化来改变自己的生活，可他们不知道，神经症会一直伴随着他们。

相对来说，年轻人建立希望对外部因素的依赖程度更高，这也使得分析师在分析年轻患者时，要比想象中更困难。当然，随着他们年岁渐长，希望无数次落空，他们会逐渐从自身找寻失败的原因。

虽然患者没有发现自己内心深藏的绝望，可是他的外在表现都充分说明了绝望的存在和程度。患者所经历的一些失败带给他的失望程度远比带给他的合理影响大得多，对于这些经历，他不仅反应太激烈，而且持续的时间很长。患者青少年时期考试没考好，被朋友出卖，被学校不合理地开除，抑或爱情受伤等等，都可能会让他陷入深深的绝望中。虽然，对失败反应过度也许有特殊原因，可是我们不仅要研究这些特殊原因，还要发现失败本身所带来的无尽的绝望。患者也许会看上去很高兴，可是如果他想象过自杀或死亡，即便没有真的付诸行动，也足以验证患者身上有普遍意义上的绝望。绝望也许会通过另外一种形式表现出来，像放荡不羁、轻佻、待人处世随意等，这种表现不但时常出现在分析过程中，而且也时常出现在患者平常的生活中。此外，绝望还有一种表现，是面对困难时缺乏勇气和自信。在弗洛伊德所总结的分析治疗的负面反应的种种特点中，这种绝望占了一半。虽然在解决困难的过程中会有折磨和痛苦，可是也可以让人有新的体会，神经症患者可以把它当作一条好的出路。可是患者极大可能在面对问题时，会抱着失望的心态，他不愿意付出解决问题所必需的辛劳和折磨。乍看上去，这好像是因为患者在解决困难时，信心不足，可更深层次的原因是，患者觉得即便把困难解决了，也没什么值得称道的。因此，在进行分析时，他非常讨厌分析师给他带来的紧张，他会埋怨，说那些体会只会带给他恐惧，除此以外别无他用。绝望不仅仅有这些表现，还会表现出爱幻想和对未来进行预测。我们极易发现患者是以消极的态度看待未来，可是表面上看上去，这只是他害怕遇到困难、恐惧犯错的普遍性焦虑。很多神经症患者都觉得未来看不到光明，一片灰暗，就如同希腊神话中的预言女神卡珊德拉①一样。不管患者的想象多么理智，我们依然可以通过他一直看着黑暗判断出，他的内心深处深埋着绝望。最后，绝望还有一种表现是慢性抑郁。通常情况下，它并不被人们看成是一种抑郁，因为它披上了快乐的外衣。即便患者饱受抑郁的折磨，可是表面上看上去，他们也许很高兴，可以与他人快乐共处，总的来说给人的感觉很幸福。可是他们早上起床时，通常要白白浪费好几个小时的时间，他们缺乏勇气面对新的一天。他们往往不会说出"生活就是一座牢笼，直到死了才能解脱"之类的话，可这是因为他们已经对生活不抱有希望了，因此才总是表现出一副没有活力的伤感。

也许，患者也多多少少发现了自己的绝望，虽然他不清楚绝望的原因是什么。这一类患者对待生活，极少畅想美好的事物，一般都是被动接受生活带给他的所有，而且还是以

---

① 卡珊德拉是希腊、罗马神话中的特洛伊城公主，具有很强的预言能力。据说在特洛伊战争中，她曾经对特洛伊人做出警告，可惜没有人相信她的话。

一副容忍的心态。他相信宿命论，通常用哲学理论来宽慰自己，说人的命运是不可改变的，是注定的，生活的本质就是一场灾难，傻子才会有别的想法。

分析师在和这类患者首次打交道时，就会感受到他们的绝望。患者极有可能给人留下极其恣意的印象，因为他会反感一丁点麻烦，不想承担一点点风险，不想付出一点点代价。他之所以不想付出什么，是因为他根本不期望付出后能得到什么。这种类似的态度会无数次出现在他的生活里，几乎在各个方面都可以看到。他对现在的生活环境不满，也无法通过行动来改变什么，因为再小的困难，他都会觉得非常大，事实上对于他所不满的现状，他只需要付出少许的努力就可以改变。

深深隐藏在他内心深处的绝望，有时只需要一句话就可以让患者发现。例如，分析者给患者打气，让他继续努力，好把某个迫切需要解决的问题解决掉，患者也许会说："这怎么可能呢？你不这样认为吗？"可是，当患者发现自己内心深藏的绝望时，他会熟练地将它归因于外部因素，像婚姻、工作、政策等，他要让自己相信，他本身没有责任。他埋怨的往往不是某一个具体的和短暂的环境因素。他觉得自己不可能得到幸福和快乐，也不可能成就什么伟业，所有可以让他的生活变美好的事情都离他非常遥远，只有绝望陪伴着他。

在《致命疾病》一书中，索伦·克尔凯郭尔①说，所有绝望的源头都是不能成为我们自己。这句寓意深刻的话好像让我们找到了问题的答案。成为我们自己是一件多么重要的事情，不能实现这一点会让我们陷入多么绝望的境地，不管哪个时代的哲学家都反复申明，包括禅宗经典也把它当作关键性课题。现代学者约翰·麦克马雷说过一句很值得我们借鉴的话，他说："最重要的事情，难道不是真正成为我们自己吗？"

未化解的冲突最坏的结果就是绝望。患者不再抱有希望，任由自己的人格持续分裂，这就是绝望的源头所在。这种状况可能是多种神经症带来的。矛盾就如同一座监狱，患者觉得自己就像失去了自由的鸟儿，虽然屡屡尝试，可最后都失败了。而且更恶劣的是，这些尝试加剧了他的自我疏

---

① 索伦·克尔凯郭尔是丹麦宗教哲学心理学家、诗人，现代人本心理学的先驱，现代存在主义哲学创始人。

离，因为屡屡遭受打击，他的绝望程度更重了。患者在从事开创性工作时难以取得成绩，当努力白费以后，他就更加没有积极性了，而且因为他的精力大面积分散，所以他的尝试从来没有成功过。在他的爱情、友情和婚姻上，这种情况都有过表现，可以说他的所有努力都没有取得成功，而反复失败，又让他更加失望。就如同实验用的小白鼠看到笼子外面的食物，反复跳起来朝食物扑过去，可因为前面横亘着障碍物，不管它尝试多少次，都还是会受挫。

无法成为理想的自己，一样会带来绝望。也许这是引发绝望最关键性的原因，可是也不能百分百肯定。不过有一点是可以肯定的，通过分析，患者发现了真实自我和理想自我之间存在的极大悬殊时，他的绝望就明显表露出来了。不能达到理想中的高度只是绝望的一部分原因，更重要的原因是因此所带来的自我否定。他觉得无论是生活还是工作，只要他内心想要的，势必与他无缘。

患者陷入绝望的另一个重要原因是重心转移。患者失去了生活的原动力，转而到外界去寻找虚幻的核心。他不仅把自信和作为一个健全人所应该有的理念弄丢了，还会自暴自弃。这种生活态度所带来的后果是极其严重的，甚至可以被理解成这个人在精神上已经死了,可是人们往往不够关注这一点。索伦·克尔凯郭尔说:"可是,虽然他绝望沮丧……他依然可以……接着往下过,至少表面上看上去和别人没有区别,每天疲于奔命,结婚生子,争名逐利,保卫自尊。像这样很难让人关注的东西,世人是不会注意到的。人们最鄙视的东西就是自我。让某个人发现自我,对他来说无异于一次悲惨的经历,最大的悲哀就是,他已经没有了自我。发生这种事时,没有人会有所察觉,就算发生了,也似乎没发生什么一样。根本比不上断了胳膊少了腿,或失去妻子这样的事值得关注。甚至就连丢了几分钱也比失去了自我更加引起人的注意。"

通过临床观察,我发现,分析师极少严肃对待绝望,也不会采取合适的解决办法。我的一些同行在看到患者的绝望以后,有的看到当作没看到,根本不觉得这是一个问题;有的受到了很大的触动,自己也觉得绝望。医生的这种态度对分析工作是极其不利的。假如不命中关键之处,即便分析师付出了很多努力、治疗方式也很高超,可是依然会让患者觉得,分析师已经不打算对他进行治疗了。不仅在医患关系上会发现这种情况,在平常生活的各个方面都会发现这种情况。例如，有的人总是对同伴的能力表示质疑，那他又怎么可能真的帮助到同伴呢？他根本都不配做朋友。假如无视患者的绝望，那么，所犯的错误则和上面的错误相反。他们只是单纯地激励患者，因为他们觉得激励是患者最需要的。虽然这种做法有值得被颂扬的地方，可是根本不能把实际问题解决掉。尽管在分析师的激励下，患者会感受到对方的好意，可是他依然对分析师没有好感。患者的潜意识非常清楚，这种好意的激励对于他远离绝望根本起不到任何作用。

从上面的描述中，可以间接地看到患者的绝望和绝望程度。我们的第一要务就在于从这些间接的表现中发现它，而且当面把它解决掉。我们一定要知道，患者的绝望是从他未化解的冲突中来的。不仅如此，分析师还应该告诉患者，神经症被消除的最大障碍，就是患者不想试着去改变现状和他觉得现状根本不可能得到改变的态度。契诃夫的戏剧《樱桃园》里面有一幕是对这个问题最好的解释。有一个濒临破产的家庭，他们不忍心离开自己钟爱的樱桃园，可是这个事实是他们必须要接受的，所以他们觉得难过绝望。他们请来的一位顾问这样对他们说，在庄园里盖几间房子，然后租给别人。这个提议可以很好地解决问题。可是他们无法打破固有的观念，不想听从这个提议，只是被难过和绝望所包围。他们绝望地问，难道他们真的已经走到穷途末路了吗？

如果那位顾问是一位分析师，就会跟他们说："现在你们的确有一道难题要解，可是真正让你们犯难的，是你们的绝望心态。为什么要绝望呢？你们只要把生活方式稍微变化一下，所有问题就都解决了。"

如果分析师在解决问题时，有自信、有勇气，也有魄力，他才能相信患者可以化解自己的冲突，从眼前的困境中走出来。可惜的是，弗洛伊德的理念和我所坚持的这一信念刚好是反过来的。弗洛伊德在看待人类未来和分析疗法时，从本质上来说，他的心理学和哲学是消极的。他的悲观主义以他的理论为基础，因此必定是失望的。他觉得人类被本能所鞭策，本能最多只能得到"升华"的调节，人想要得到满足的本能倾向注定了在社会上会处处受挫。他觉得，本能被夹在"自我"和"超我"之间，浮浮沉沉，两头碰壁。"超我"就是对本能欲望进行打压，而"自我"没有一丁点自由，除了被来回拉扯，强制性接受两边的修正，所以根本没有什么真正的思想。所谓完成自我的愿望，只是一种自恋。人天生就有破坏欲，人被"死亡本能"所主导，只能在自己经历磨难和破坏他人之间二选一。弗洛伊德的这些观点,使源于他的非常具有潜力的治疗方法也受到了很大的限制。因为这些观点都对一个也许存在的事实予以了否定:积极态度可能会让人发生变化;相反地,我相信神经症中的强迫性是从人际关系失调来的,而不是天生就有的。这些倾向,随着人际关系的变好,可以发生变化,来源于矛盾倾向的冲突也能被彻底清除。我不敢说我所提倡的这种分析方法就是全面的,可是我觉得,我们完全有理由相信,从本质上进行改变是有可能实现的。此外,要想把这些局限明确划分出来,我们要做的工作还不少。

下面这几个原因可以让我们发现辨别和解决患者的绝望有多么重要。首先,一些特殊性问题,像自杀、抑郁等,通过这种解决方法,也许就能够圆满地解决掉。想要把患者的抑郁症治好,第一步就需要绕过他一般性的绝望,找到他饱受折磨的冲突因素。当然,因为抑郁更深层次的原因是绝望,所以想要把抑郁完全解决,就必须直面绝望,假如没把根源找到,是无法根治患者的慢性抑郁的。处理自杀倾向也是一个道理。大家都知道,自杀冲动可能会受到多种因素的诱发,像挑战、绝望、报复等。假如先弄清楚冲动是由什么引起的，再去阻止自杀，那么一切为时已晚。假如分析师可以暗暗地关注患者的绝望，投以更多的精力，而且在合适的时机到来时，和患者一起对他的问题进行探讨和分析，就可以尽可能避免发生自杀事件了。

此外，严重的神经症患者之所以难以康复，就是因为患者的绝望在中间作怪，这个问题值得探讨。弗洛伊德想要用"阻抑"这个词，把所有阻碍患者康复的因素都包括进去，可是绝望很难被我们归到这一类。阻抑是一个集合名词，它侧重于指代患者内心逃避对现状进行改变的所有因素。因此，在分析过程中，我们必须对阻抑和促进这两种力量，也就是阻力和动力进行研究。患者的动力是从他的内心来的，它是一种可以带动人得到内心自由的乐观向上的力量，可以把他的活力激发出来，用来把阻力克服掉，而分析师在这个过程中，也可以对患者有更深刻的了解。内心活力是一股非常强大的力量，对于人类承担成长所带来的难以规避的痛苦可以起到很大的帮助。假如患者的内心活力被再次激发了，他就有勇气和信心把曾经带给他安全感的态度放弃掉，而用崭新的态度来生活。这个过程需要患者主动自觉地去完成，分析师的强迫和督促都起不到什么作用。而这种无比宝贵的力量，却被患者的绝望给封锁了。可以说，它是分析师最强大的助推力，可以帮助他对抗患者的神经症，因此，分析师假如不能对这种力量加以辨别，而且采用合适的方法加以引导，那么，就相当于错失了一位力大无穷的好伙伴。

对问题进行说明，并不等于把问题解决了，对于患者的绝望来说更是这样。假如可以把患者的宿命感消除掉，鼓励他更有自信改变现状，而且让他意识到最终可以打败绝望，获得自由，那么，患者就得到了自主行动的能力，也就相当于我们的工作真正往前推进了一步。这个过程肯定不会一帆风顺，例如，当患者感悟到什么时，也许会变得极度乐观，而当他遇到更难的问题时，他又会被绝望所包围。这一过程也许要反复、多次经历。可是，患者已经意识到自己确实可以做出改变，而且内在的动力也更强，那么对应地，绝望所带来的不好的影响也会慢慢不那么大了。在分析一开始，这种动力可能只能在他的小小愿望上找到，也就是他想远离让自己焦虑的症状。可是，随着患者越来越意识到自己所受到的约束，随着他感受到自由是多么的快乐，这种动力会进一步增强。

第十二章 施虐倾向

为了让自己生活下去，在绝望的主导下生活的神经症患者会采取多样化的应对方式。假如他的创造力没有完全被神经症所捣毁，他也许会把所有精力都投注到可以给他带来收获的事情上，并以此和生活的残酷作战。有的人也许会一门心思地工作在某项集体性工作中，有的人也许会致力于宗教活动或社交活动。尽管他们无法在工作中热情高涨，可是不会不利于工作，他们的工作是有意义的。

还有一些人会选择和某种特定的生活方式相适应，就如同按部就班一样，不仅不会抱以过高的期待，也不会对这种生活方式予以否定。在约翰·马昆特的小说《时间太少》中，就描述过这种生活方式。埃利希·弗洛姆把它和神经症划分开来，把它描述成"缺失"状态。可是我觉得这种枯燥正是来源于神经症。

除了这几种应对方案以外，还有一些人会主动把自己放在生活的边缘，在那里寻找小乐趣。他们也许会把自己的人生志向和所有必须严肃对待的东西都放弃。他们也许会从放荡不羁、灯红酒绿这一类事情上找寻偶尔的快乐。他们也许会放弃自己的原则和主张，过一天算一天，最后彻底丧失生活的乐趣。他们不能过安定的生活，只能不停地寻求转瞬即逝的刺激。这种状态症状的一种更严重的表现是酗酒成瘾。在《失去的周末》一书中，查尔斯·杰克逊把这种表现描写得非常细致。肺结核和癌症等这样的慢性疾病，其病因有没有可能就是患者无意识地让自己陷入分裂的状态？

最后，绝望还会让患者具有更强的破坏欲，为了弥补自己的心理，他过上了这种看上去正常的生活。我觉得施虐倾向的心理机制就在于此。

因为弗洛伊德觉得施虐倾向是人与生俱来的本能，所以分析师在进行精神分析时，关注点会放在"施虐倒错"上。

尽管分析师们发现了患者在平常生活中是如何表现出施虐倾向的,可是并没有对它进行严格区分,导致把所有蛮横行为或攻击性的行为都看作是修正或升华这种施虐倾向的本能。例如争夺权力,弗洛伊德就觉得其是升华了"施虐本能"。虽然争夺权力也许会让人的施虐倾向更清晰地表现出来,可是也有可能,它只是在生存竞争的基础上表现出来的,和神经症一点关系都没有。例如,一个人觉得生活就是在打仗,那么,他会觉得所有人都是他的对手。没有清晰的区分,就代表着我们不清楚对于施虐行为的判断,我们不知道要依据一个什么样的标准,也不清楚施虐倾向的表现形式是什么样的。我们只能单凭个人直觉来推断,哪些属于施虐倾向,哪些不是。这对分析观察一点帮助都没有。例如,对他人进行伤害,这种行为本身并不是证明这个人就有施虐倾向。

在大范围的竞争中,抑或在个人仇怨上,一个人对他的对手,甚至伙伴造成伤害,实际上是不得已而为之。他也许是想要保护自己,因此仇恨他人,也许是他觉得自己被吓到了或者受到了伤害,因此要奋起反击。虽然这种做法也许程度上有些重了,可是从主观上来说,他觉得这是无可厚非的。可是,很多时候,我们也许也会打着"天经地义"的旗号掩饰施虐倾向。对于这二者,我们很难准确地将它们区别开。可是,不能因此否定敌意也许只是一种应激反应。对抗型患者觉得自己是为了生存在斗争,采取多种方法攻击他人,我觉得这种情况也不属于施虐行为。虽然有人真的受到了伤害,可是这种伤害的目的不是为了伤害,而只是斗争带来的结果。简单点来说,虽然这里所说的攻击行为也是因为敌意,可是并不是为了从伤害他人这种行为中得到刺激,行为本身的目的并不是病态的。

下面,我们就对一些常见的施虐态度进行探讨。这种态度在那些赤裸裸的施虐倾向的人的身上表现得尤为突出,虽然他们也许并没有发现自己有施虐倾向。假如在后面的章节中,我说到了"施虐狂"一词,就是指这个人时常有虐待他人这种不正常的需求。

这种人在心理上,想要让他人臣服在自己脚下。一般情况下,他会把他的伴侣当作理想的奴役对象。他会选择一个比较麻木、被动,没有自己理想的人进行奴役,通常这样的对象不会向施虐者要求什么。这种施虐倾向也许表现在施虐者通过自己的意愿来打造受虐者。在《皮格马利翁》一书中,希金斯教授打造伊莉莎就属于施虐行为。这种打造也许有一定的积极意义，如同老师教导学生、父母培养子女等，甚至在性关系中也许也有这种积极意义，尤其是施虐者比受虐者要成熟理智一些时。有时在同性恋关系中，也许也有这种积极意义，例如一方年长，另一方年轻时。可是，因为这种打造的真实面目是施虐，终究是会现形的。当受虐的"奴隶"发现自己的兴趣所在，想要摆脱关系，或者自主决定交友时，施虐者残暴的一面就会表现出来了。一般施虐者会开始嫉妒，这种嫉妒不仅让他拥有无比强烈的占有欲，而且又让他承受痛苦，之后，他又反过来用同样的方式对自己的"奴隶"进行折磨。虐待者把自己看作主人，相比自己的生活的兴趣，他对掌控"奴隶"更感兴趣。也就是说，他不能容忍自己的伴侣离开，因此他甘愿把其他人际关系所带来的福利和乐趣都放弃掉，也可以把自己的事业舍弃。

　　施虐者对自己的伴侣进行奴役的方式很类似，特征很显著，这取决于双方的性格结构。施虐者会尽可能把这份关系维持下去，而且想要伴侣看到这份关系的价值，所以他会更好地对待伴侣。为了让伴侣懂得他的好，他会对伴侣的某些要求进行满足，可是他只会对伴侣最低标准的精神需求进行满足。他会告诉伴侣，只有他能带给她如此多的快乐和性满足，只有他才能如此包容她、懂得她。他会跟她说："相信我，这个世界上只有我才受得了你。"他为了鼓动伴侣把这份关系维持下去，也许还会畅想一个灿烂的未来，例如，他会明里或暗里说将来会和她组建家庭，并承诺一生爱她，让她过上更幸福的生活，生活上更加富足。偶尔，他也会对她示好，说他离不开她。施虐者通过对自己的伴侣进行贬低和占有，使她得不到外援，让他的策略屡屡奏效。假如伴侣足够依赖他，那么，他还可以采用抛弃她作为威胁的方式。施虐者还有很多种方法威胁伴侣，鉴于它们都有自己的特点，我们会逐一进行探讨。可是，我们只有先把伴侣的性格特点弄清楚，才能意识到这份关系为什么会是这个样子。作为伴侣的受虐者通常都是顺从型的人。他们担心对方离开自己，或者因为施虐倾向被压抑了，进而觉得无比绝望。我们会在后面对这种情况进行探讨。

事实上，在这份关系中，施虐者和受虐者双方都会对对方的依赖无比痛恨。假如施虐者还有一定的疏离倾向，那么，他会认为在伴侣身上投注这么多的精力和感情都是不值得的。他也许还会责备伴侣对他太过于依赖，而完全没有发现，这种后果就是因为他的控制带来的。他在埋怨伴侣，并声称要离开对方时，他不仅是在宣泄自己的不满和害怕，而且也是在采用威胁的方式，进一步对伴侣实施控制。

想要控制他人并不代表所有施虐狂，还有一类施虐狂的乐趣就在于玩弄他人的感情。这种行为给他带来的快感，就如同乐师摆弄乐器一样。在《引诱者日记》中，索伦·克尔凯郭尔就给我们描述了这样一个人。他整日陷在这种游戏中，对于自己的生活，他则是一副无限冷漠的态度。他掌控得非常好，该表现出兴趣的时候表现得兴致盎然，该表现出冷漠的时候表现得冷若冰霜。他在观察和预测女孩们会对他做出什么反应时，往往非常准确。他可以轻而易举地激发和掌控她们的情感。他毫不在意他的行为会如何影响到那些女孩们的生活，只有在玩弄她们的感情，并借以满足自己的施虐需求时，他才会这么敏锐。索伦·克尔凯郭尔的小说所描绘的玩弄人心的伎俩，都是无意识的。这所有伎俩都具备下面的共同点：捧高和贬低，吸引和否认，激励并难过，沉醉而又失望。

施虐狂还有一个特点，他们是只为自己着想的，伴侣对于他们来说，就是利用对象。有时，这种利用不单单是为了达到施虐的目的，也是为了从对方那里得到某些利益。得到利益也是一种目的，可是这种利益通常只是一种想象，他所付出的代价远比他得到的多得多。可是，即便这种利用是没有什么回报的，也可以让施虐狂处于兴奋的状态中，这种快感相当于占了别人的便宜。施虐者直接或间接对受虐者加以控制，而后连绵不断地向受虐者提出各种高要求，假如受虐者没有达到他的要求，他就会想办法让对方处于自责和羞愧中。这种利用他人的方式，完整地暴露出了施虐特性。施虐者有无数个理由让自己觉得吃亏了，然后义正词严地向受虐者提出更多的要求。就算受虐者满足了施虐者的所有要求，他也不会有一丝一毫的感恩。在易卜生的戏剧《海达·高布乐》中，就把这一点事无巨细地描述了出来。此外，这部戏剧还表现出了施虐狂一方面用这些要求满足自己的不正常欲望，另一方面还对别人造成了伤害。这些要求可以涵盖方方面面，像性、职位、物质、受虐者的敬仰、依赖和容忍等。它们在本质上都是一样的，只是施虐者想方设法、变换花样地对受虐者加以利用，从而对自己空虚的精神世界进行填补。海达·高布乐身上也有这种特性，她的生活像死水一样波澜不惊，于是不断找寻刺激，又永不停歇地埋怨生活的无聊，再像吸血鬼一样从伴侣身上得到活力来弥补自己内心的空虚。这种精神需求基本上都是无意识的,极有可能是施虐者利用他人和要求他人的深层次原因。

　　施虐者还有一种想要打败他人的倾向,当我们发现这一点以后,对于利用的本质,我们就更加清楚了。并不是说施虐者对付出是完全排斥的,施虐者并没有小气的特点,有些时候他可以表现得很慷慨。对于施虐者来说,打败他人是一种无意识的冲动,可是这种冲动给他带来的通常是持续失去快乐,失去生活的乐趣,并陷入绝望。他不想看到受虐者得到任何满足和愉悦,这会让他的愤怒加剧,所以他会不择手段地来打压或破坏受虐者的愉悦。如果伴侣希望看到他,他就会表现得异常冷漠;假如伴侣想要性交,他就会表现得一副全然没有兴致的样子,甚至会阳痿;他时时刻刻都散发着忧伤的气息,接近他的人都会觉得愤怒、抑郁。他不愿意做任何乐观向上的事,抑或只是嘴上快活。"他的身体充斥着满满的堕落,就像墨汁一样。他不需要做什么,对他来说仅仅活着就够了。"英国作家奥尔德斯·赫胥黎的话对施虐者做了很好的说明,他还说,"这是一种被文明包裹的粗鲁!这是一种用心粉饰过的权力渴望!这是什么样的一种旷世高人啊!他的阴郁竟然传染力这么强,即便最具有活力的生气也会被它打压，变得失望。"

施虐者不仅有上面的那些倾向，还有一种想要侮辱和贬低他人的倾向，从本质上来说，这种倾向和其他几种倾向没有区别。他的一大乐趣就是敏锐地找到别人的痛处，而他的一大天赋就是找到别人的不足之处。他可以凭借直觉准确地找到别人的弱势，进而进行残酷的打击。可是他又会将他的这种行为合理化，用坦诚、助人来粉饰。他觉得，他之所以这么做，是因为担心别人的能力不足。可是如果有人向他提出质疑，他确实是因为担心才这么做的吗？他会马上不知所措。当然，患者的这种倾向真有可能外化为不相信他人。"如果那个家伙是可靠的，我又为什么要多管闲事呢？"他会这么说。可是这种不相信，事实上是因为他从内心深处瞧不起他人。他梦到那个人变成了老鼠、蟑螂一类讨人嫌的东西，连梦中都是这样，他又怎么会觉得对方值得信赖呢？施虐者只是发现他不相信别人，而没有发现这种不相信是从他瞧不起别人的心态而来。把它定义为一种倾向，还不如说是一种喜欢注视着别人的不足之处的怪癖。我觉得这样说更准确一些。他一直在找别人的问题，同时，他总可以把自己身上的问题转移到别人身上。当他使别人觉得惶恐不安时，他马上就会发现，他会更加瞧不起别人的这种反应。这正是他所渴求的，所以他不可能去反省自己。假如受到他刺激的一方没有表现出惶恐的样子，他又会严肃地批评对方虚伪，或指责对方藏着不能见光的秘密。他将受虐者一方训导成自己手中的木偶，可是他觉得责任不在于自己，而是反过来数落对方太依赖他了。无意识的鄙视，不仅在于用言语打击对方，也在于用行动来表现，像羞辱性的变态性行为。当施虐者的这些行为没有对他的鄙视倾向予以满足时，或者相反受到对方的侮辱时，他会觉得自己成了他人的棋子，被掌控、被羞辱，他会不由自主地生气。他觉得，不管对侵犯者进行怎样的折磨都是理所应当的，脚踢、殴打，即使把对方杀了，都不算什么。他也有可能把自己的疯狂冲动抑制住，可是接下来，他就会因为满心的焦虑而恐慌不已，甚至通过身体上某种机体功能的障碍表现出来。

　　施虐倾向的患者究竟是有什么强烈的愿望，其行为才会如此残暴呢？也就是说，施虐倾向有什么意义？我觉得"施虐倾向是性驱力的倒错"这一前提不成立。虽然在性行为中确实也可以看到施虐倾向的影子，可是据我了解，绝大多数病态倾向都会投射到性行为中，这和它们在行走姿态、笔迹和工作方式上的投射基本上是一样的。施虐过程确实带有某种亢奋，抑或像我反复提到的那样，带有一种让人目瞪口呆的兴奋。可是单单依据这些还不足以下结论，觉得这些兴奋或者激动实际上都是性欲，这就如同说"所有的兴奋都是性兴奋"一样荒谬，说这种观点是有道理的，根本没有任何论据来支撑。从现象学的角度来研究，从本质上来说，性兴奋和虐待狂的兴奋是截然不同的。

有一个说法足以引起很多人的关注，那就是肆虐冲动延续了童年的虐待倾向。这一论点的证据是，幼儿对于更幼小的动物或孩子的态度往往很残暴，而且一副很高兴的样子。有些人在看到这种表象上的一致性以后，就笃定地认为成年人的施虐冲动来源于幼儿时期的残暴，可事实果真如此吗？答案是不。成年人的残暴是不同于幼儿残暴的另外一种虐待倾向，它展现出来的一些特点是成年后独有的，这是我们大家都能看到的。儿童的残暴行为，看上去只是普通的应激反应，通常在受到压迫或委屈时会表现出来，他之所以这样做，是想通过报复更幼小的对象的方式来对自己予以肯定。两相对比，成年人的虐待倾向明显动机更复杂，而且有多种表现形式。上面所说的那种好像颇有道理的论调，就如同所有动不动就用幼年时期的经历来对成人不正常的表现进行解释的理论一样,都不能对一个至关重要的问题予以解答:早期残暴为什么会一直延续下来?

上面那些断言都只是一隅之见而已,都只看到了虐待狂的一个方面。一种眼里只有性欲,一种眼里只有残暴,甚至都没有对这个现象本身进行科学解释。埃里希·弗洛姆觉得:施虐狂必须依靠他人才能生活,所以他只能利用受虐者来创建一种生活,二者就像共生一样,事实上他根本没想把自己所依赖的伴侣毁灭掉。相比其他人的观点,弗洛姆的这一观点和问题的实质更接近,可是也不是正确答案。为什么这样说呢?因为它仍然无法对强迫施虐狂为什么要去打扰他人生活的原因进行科学解释。还有,他采取那种特定的方式来进行干涉的原因是什么。

既然我们觉得施虐倾向就是一种神经症,那么,我们就应该努力去对诱发该症状的人格结构进行研究,而不是先去对该症状进行解释。假如我们站在这个立场上考虑问题,局势就明朗了:只有觉得自己的生活枯燥无味的人,才会有明显的施虐倾向。事实上,通过临床检查,人们早就发现了这种病症背后所隐藏的情况了,甚至早于病症本身的发现。在海达·高布乐和他的诱奸者身上，没有理想、志向以及行为的价值，他们的生活早就如同一潭死水。当一个人这样生活时，他余下来要走的路，不是屈服于命运，继续容忍一切，就是反过来对生活进行报复。他觉得自己是一个被遗弃的人，于是，对于其他人，他都怀有满腔的怒火，可最终他都是失败者。他开始愤恨生活，愤恨生活中所有正面的、阳光的东西，可是在这种愤恨中又带有一种旺盛的嫉妒。这种嫉妒就如同一个人特别想要某物，可是却一直无法得到时所生出的嫉妒。这种人之所以会产生愤恨和嫉妒，就是因为他以为生活离他而去了。尼采把这种状态叫作"Lebensneid"，即"在嫉恨中生活"。这种人无法感觉到别人的厄运，他只觉得当自己又饿又冷时，别人正在享受美味。"他们"有自己的安乐窝，可以尽情享受一切美好……他仇视"他们"所有的幸福。为什么他难以享受的幸福和快乐，"他们"却可以享受呢？陀思妥耶夫斯基的小说《白痴》中有这样一段描述得非常准确的话：他无法容忍他们的幸福和快乐，他只想让他们臣服在他的脚下。小说当中那位身患肺结核的教员的行为，就把这种态度淋漓尽致地表现了出来，他在学生的面包上吐口水，只有在欺负他们时，他才会享受到快感。这种有意识的行为就来源于报复性的嫉妒。从欺负他人中所得到的快乐，和让他人受到打击往往是施虐狂的无意识行为，可是，和上面的那位教员一样，他的立场也是让人不齿的，都是一种"我难过你们也要跟着一起难过"的心态。他看到别人和他一样陷入腐化和失落的境地，他的心情就会好一点。因为这样一来，他就会觉得普天之下有很多受苦的人，他不再是那个最不幸的人。

他的嫉妒和痛苦是那么深刻，导致一定要找到方式来缓解。还有一种缓解方式就是"酸葡萄"方案，而且他很熟练地运用这种方法，即便是有着丰富经验的观察者都极易上当。原因是，他会尽可能不承认自己满心嫉妒，并很好地把它掩饰住。他的目光总是聚焦于生活中难过、邪恶的一面，这种专心不仅可以表现出他的嫉恨，而且可以表现出他刻意证明给自己看的自己眼光的独到性，多么善于观察，多么深刻地理解人生。这也是他喜欢处处揭别人伤疤和贬低别人的一个原因。他看到一位美女时，首先看到的肯定是她的不足之处。他来到一个房间以后，首先映入他眼帘的肯定是某件家具的摆放不太协调，抑或某个部分的颜色严重不符，而且一直专注于此。即便是一场掌声雷动的演讲，他也可以从容地找出其中的问题。总的来说，他具备发现其他人生活中的各种纰漏，还有其他人的性格缺憾和也许存在的不善动机的天赋。他专注于那些有不足之处或更加消极的事物上，而忽略其他所有的东西，可是如果他善于强词夺理，就会对自己的倾向进行美化，说成是太善于发现有缺憾的事物了。

这些策略在一定程度上缓解了他的嫉妒和愤恨，可是他总是贬低别人的心态，又让他接连不断地涌现出更多的失望和愤恨。假如他没有孩子，他会觉得人生中最重要的体验是有孩子，可是他无法体会；假如他有孩子，又会觉得人生中最沉重的负担就是自己应该负的责任。假如他有性伴侣，他觉得这是一件让人不齿的事；假如他没有性伴侣，他又会觉得自己似乎有什么东西被掠夺了，同时他还担心禁欲的危险。假如他不能出外游玩，他会觉得自己特别无能，很不体面；假如他有机会出去游玩，他又会因此苦恼不已，因为他担心旅途中会出现任何麻烦。他觉得自己有充分的理由不相信别人，并且让他们清楚这一点，而且这也是他不停地要求别人的自作聪明的原因。其实，即使别人满足了他的所有要求，他也不会知足。他从来没有想过，一直以来，他其实对他自己最不满。

贬低别人、嫉恨并因此带来的不满，都部分说明了施虐倾向。那么，施虐狂一心找到他人的不足之处，不间断地要求他人、打压他人、伤害他人的这些行为，也得到了解释。可是我们想要对施虐狂的施虐倾向所带来的毁灭性和他的固执进行理解，就得意识到这些都来自于他的绝望。

施虐狂一样有完美的形象，而且这个形象也和至高的道德标准相符，虽然他的行为还够不上人性美德的最低标准。这类人因为始终无法企及理想化形象的标准而感到绝望，所以有意或无意地选择了自暴自弃，而且终日在龌龊的行径中徘徊，感受绝望的快感。这种人和我们先前说到的一类人是一模一样的。他这样做只会拉大真实的自我和理想化形象之间的差距。之后，他觉得自己已经走上了不归路，也更加无法原谅自己了。由于他越来越绝望，他会越来越无所顾忌，所以他觉得自己反正什么都没有了，也无所谓再失去什么。假如这种局面无法改变，他就会一直这样消极地对待自己。假如这个僵局没被打破，就尝试着用某种办法来激发他积极向上，是不会取得任何效果的，只会把治疗者完全没有搞清楚患者是个什么情况给暴露出来。

他对自己太不满了，以至于他都无法直视自己。他变得更固执,因为他担心自我讨厌会伤害到他。他需要把外界所有的批评、蔑视和冷淡都摒除在外,因为这些东西会关系到他的自卑。他的方案就是,把这些看作是别人对他不公平的对待,然后对别人发动攻击,借此来让自己逃脱攻击。这个模式已经发展成为一种保护自己的坚实壁垒。这一过程可以用我们前面引用过的一个例子来解释。一位女性患者埋怨自己的丈夫不够干脆,总是犹豫不决,可当她发现她真正觉得愤怒的事实上是她自己老是犹豫不决时,她恨不得撕了自己。

有明显施虐倾向的人为什么非要对他人加以贬损,为什么强烈渴望改变他人——至少想要改变他的伴侣?现在我们从另一个角度来看问题,是不是就好理解多了?此外,我们还可以看到这一方案背后所隐藏的强制性。他自己无法做到完美的样子,于是他渴望自己的伴侣可以做到,而且是强制性要求对方做到。假如伴侣也不能做到时,他就会觉得非常生气,并朝伴侣发泄这种怒火。有时,施虐者也许会扪心自问:"我干吗一定要管他呢?他爱干吗就干吗好了。"可是,很明显,这种理智的考虑只停留在想法上,因为他没有把自身的冲突解决掉。他把自己的倾向通过外在形式表现出来,将自己强加在伴侣身上的压力合理地解释成"爱"或希望对方"进步"。可实际上，我们都很明白，他并不是真的希望伴侣按照自己的与生俱来的特性，遵从他自身的内在规律发展，同样，这和爱根本不沾边，不是真正意义上的关心。他只是把自己无法达到的理想化形象强加在了伴侣身上。做这件事时，他大义凛然，还有一种成就感，这是因为他为了抵御自卑而产生的狂妄心态在作怪。

把施虐狂的内心冲突了解清楚以后，对于他的报复倾向，我们就可以理解得更加完全了。报复倾向是施虐狂症状中另一个非常典型的因素，它就像癌细胞一样在施虐者的每一个细胞中扩散。他的报复带有强制性，因为他要想把内心无以复加的自卑清除掉，就只能这样做。他必须理解，他的生活是被别人破坏了，他们应该承担所有责任，作为弥补，他们也要承受发生在他身上的一切。他看不到绝望是从他的内心来的。而且，因为他的偏激，他觉得他原本应该被幸福包围，所有苦恼都是别人带给他的，他才是受害者。他的报复欲望毁坏了他的同情心和爱心。他会这样认为：我的生活是被他们给毁了，我遭受苦难时，他们却生活在幸福中，为什么我还要同情他们？他的报复欲望可以是有意识的，这一点由他所报复的对象来决定。例如，假若他要报复自己的父母，也许就会意识到这一点。他没有发现的是，报复欲望是一种把他的整个人格都浸透进去了的病态倾向。

我们通过以上文字了解了施虐狂倾向的人以后，就会发现他是这样的人：他觉得自己惨遭遗弃，难以摆脱厄运，于是本末倒置，将愤怒无缘无故地发泄到他人身上。我们还发现，他是为了让自己不那么痛苦，而强制性要求别人承担这种不幸。这些解释所给出的答案并不完整。施虐者的那些丧失理智的追求，仅用破坏性这一个方面是无法解释的，强迫他做出施虐行为的原动力，肯定会让他得到某种很关键的利益。这种观点表面上看来和前面的结论相互冲突，前面说施虐行为来源于希望的破灭，可一个人如果丧失了希望，热切的愿望和追求还会存在吗？我们要从施虐者的个人意愿来看待这个问题。他的确采取贬低别人的方式，来减轻自己破坏力十足的自卑，而且还产生了一种优越感。可以看到，他确实从中得到了正面的东西。此外，他在对他人的生活进行改造时，不仅得到了让自己兴奋的主导权，还得到了一种生活的替代价值。他在肆意践踏他人的感情时，用别人的情感生活来把自己情感生活的空虚填满，因此，自己困乏无力的感觉被极大地削弱了。他打压别人的时候，得到的成就感让他短时间把失败的生活给他带来的顾影自怜给忘记了。可能他最强大的动力，就是借助报复的方式得到胜利的心愿。

同样，他孜孜不倦地寻找激情和亢奋，也可以理解成是他的理想的动力源。人格没有缺陷、心理平衡的人，这种刺激对于他们来说是无用的。越是理智审慎的人，对这些越不会在乎。可是施虐者只有生气和打压他人的快感，其他情绪基本上都被抑制住了，所以他的情感生活空虚无比。他想要对自己的价值予以肯定，第一步就是要找到存在感，而证明自己还活着的唯一方式就是这些刺激。

还有很重要的一点，他和别人的有效互动一般都只从虐待关系中体现出来，而他在进行虐待时，会从中感受到一种强大感和力量感，这让他无意识的全能感更加强烈了。施虐倾向的患者在被分析师分析时，会深刻地认识到自己的施虐倾向。一开始他发现自己有这些倾向时，他肯定会表现得很排斥，哪怕他在口头上认可社会一般性的标准，批判这些倾向，可是从心底里，他并不觉得自己有问题。此后，他也许会在一个短暂的时间段里讨厌自己，而且准备好不再做虐待狂了。这时，他会觉得像要失去某个非常重要的事物。之后，他会首次有意识地感受到虐待别人的亢奋。他也许开始忧虑，分析只会验证自己是一个可怜的弱者。这种主观带来的忧虑时常会出现在我们的分析过程中，它和其他忧虑一样，并不是没有依据的。分析会把患者的一种能力夺走，也就是利用别人来把自己情感空虚填满的能力。当他不再具有这种能力以后，他便会发现自己的绝望，会觉得自己只是一个病入膏肓的可怜虫。到了恰当的时候，他还会发现，自己从虐待行为所感受到的力量感和强大感并不是真实的。可是因为他无法得到真正意义上的力量和强大，他会对这个虚无恋恋不舍。

现在我们知道了施虐狂所追求的"成功"到底长什么样子，那么，我们前面所得出来的结论，显然并不相冲突于绝望者不惜一切地追求某个目标这个观点。因为他所求的东西都不是真实的。他从来不会追求自由和自我实现。让他陷入绝望的因素一点都没变，他也不指望自己可以改变什么。

肆虐倾向代表着生活中充斥着攻击欲望和破坏欲望。通过施虐狂方式所得到的情感，一样都只是替代品，因为他渴望借助他人之手实现自己的愿望。可是对于一个毫无成功经验的失败者来说，这是他仅有的一个可以采用的方法。他不顾一切地追求目标，事实上体现出了绝望。他自以为手上已经空空如也，因此只能从别人身上得到。从这个意义上来说，施虐者的追求，就相当于试图要他人弥补自己，这个目标有一定的向上意义，因为他在疯狂地追求目标、打压他人的过程中，可以暂时把自己的失败感忘记。可是因为存在破坏性因素，所以，他的这些追求肯定会给他带来一些不好的影响。

首先，他会越来越自卑，这一点我们在前面说过了。还有一个至关重要的影响是，这会让他觉得焦躁。一方面，他担心受虐者会对他实施报复。他笃定，只要受虐者得到这样的机会，对方就一定会用不公平的方式对待他。从另外一个角度说，他一定要时刻保持进攻的态势，来防范受虐者的报复。他以积极备战的姿态来保护自己，始终处于高度戒备状态。在他的潜意识中，他相信自己是无坚不摧的，所以带有一种高高在上的安全感。他的身上找不出缺憾，他不可能会生病、受伤、发生意外，甚至不会死去。很明显，这种不真实的安全感轻而易举地就会被破坏掉，当别人无意或有意伤害了他，他也许会马上觉得恐慌。

他的焦灼，从某种意义上来说，是害怕他自己的破坏性和不稳定性。他觉得自己身上像装了一个不定时的炸弹一样，一定要时刻保持警惕，才能够杜绝危险的降临。一次醉酒也许会将那些带来危险的因素暴露出来，因此当他喝醉酒以后，他会变得破坏性十足。有一些特殊情况更容易让他发现他自己的那些冲动。例如，当他碰上非常吸引他的因素时。在左拉的小说《人面兽心》中描绘了这样一个施虐狂，一个女孩吸引了他，他竟然想要杀了她，然后他开始觉得害怕。患者的突发性恐惧也可以在看到一场意外或某种残暴的行为时被激发，因为这一类场景极易把他的破坏冲动引发出来。

之所以出现焦灼和自卑，极有可能是因为施虐倾向被抑制。施虐者往往都不能发现自己的破坏性冲动，即便压抑的程度也许有轻有重，这听上去好像有些匪夷所思——施虐者竟然对自己的施虐倾向一无所知。实际上，他偶尔可以发现自己想要虐待弱于他的人，也可能会发现自己一直假想施虐场景，还可能发现当自己在别人身上看到或假想到施虐场景时会格外亢奋。可是他并没有将这些零散的意识结合在一起。平常他加诸在别人身上的行为，基本上都是无意识的，事后也完全没有察觉。因为不管是对别人还是对自己，他的感觉都是麻木的，所以问题才会变得不清晰。只有当他把他的麻木状态改变以后，他才有可能从情感上体验到自己正在做什么。此外，施虐者会找出各种理由来掩饰他的行为，导致被他影响的人和他自己都没有发现他的行为事实上是一种施虐行为。严重神经症发展到最末期就是施虐狂，我们要时刻铭记这一点。引发施虐倾向的特定的神经症结构，会对他用什么理由来掩饰他的施虐倾向起到决定性作用。下面，我们举三个人格类型的施虐倾向为例进行说明。

顺从型的人对伴侣进行奴役，通常不自觉地认为是"爱"。他打着虚弱、害怕、可怜的幌子，觉得伴侣有义务照顾他。他希望伴侣可以帮他实现任何愿望。他不能一个人待着，所以他觉得伴侣就应该时时刻刻陪着他。他也不会直接批评对方，他总是无意识地告诉别人，正是因为别人，他才生活在水深火热中。

对抗型的人也一样，也是无意识地表达自己的施虐倾向，可是他不会找出其他理由来掩饰。他会直接表达自己的鄙视，以及任何需求。他觉得，这是一种真诚、直白，他总可以给自己的行为披上合理化外衣。他对别人的鄙视和利用都会外化，之后告诉别人，受虐待的人是他。

疏离型的人表达自己的施虐倾向时，会以一种柔和谦恭的方式。他会用"笑里藏刀"的方式来打压别人。他时刻摆出一副要离开的样子，威胁他人，让别人觉得他很重要的同时，又暗示别人，他们对他造成了干扰，或者让他觉得受到了束缚。假如别人这时觉得困窘，他就会觉得很得意。

患者的施虐冲动还可以被更深地隐藏，之后发展成为倒错的施虐狂。这时，患者会因为太担心自己的冲动，便对自己严防死守，努力不暴露自己的冲动，不让自己和他人发现。这时，对于任何像自我肯定、否定和敌视的东西，都会远远躲开，于是他会进一步压抑自己。

用一个总结性的陈述可能能对这一进程所带来的后果进行更详尽的解释。严格控制自己，不让自己做出任何施虐行为，到了最糟糕的时候，他连要求都不会提了，更不用说负责或做领导了。他甚至还压抑了自己合理的嫉妒心，而其他方面就更是小心翼翼。一个好的观察者会发现，这类患者但凡遇到烦恼的事情，都会在身体上反映出来，像头疼、胃疼或其他症状。

在利用他人方面一味退让，就会加剧自卑感的发展。他会离自己的愿望远远的，更不敢把自己的愿望说出来；不敢认为自己遭受了虐待，对于他人的虐待，更是只有容忍的份；不敢维护自己的合法权益，宁愿被当成他人的棋子；认为最重要的应该是帮别人实现愿望或达到别人的要求，而自己的要求太微不足道了。他一方面耻于自己的接连后退，觉得那代表了懦弱，另一方面他又害怕于想要利用他人，于是开始左右为难。最后他会给出的反应就是，抑郁或某些机体功能异常。

同时，他会表现得特别温柔、大度，不仅不会再打压别人，还一直担心别人对他有意见；他会过犹不及地避免任何也许会对他人情感造成伤害的事，还有让他人蒙受羞辱的事；他还会无意识地讨好别人，想通过称赞他人来取得他人的信任；他会不假思索地承担责任，并不停地说抱歉；假如他一定要批评别人，他会用婉转的言辞。即便别人不公平地对待了他，他也会表示"原谅"。可事实上，他做这些事情时，内心的苦痛是无以言表的，因为他会特别敏锐地感觉到委屈。

情感方面的施虐冲动被过度抑制时，患者也许会觉得自己一文不值。他从心底里相信异性不会看上他，但凡有人关注他，他就会觉得那只是在可怜他，即便有证据表明根本不是这样的。他的这种处处比别人差的感觉，显示出患者的自卑已经渗透到了他的意识中。可是我们得说明一点，患者觉得自己没有魅力，也许是他在遇到一些让人亢奋的诱惑，像奴役他人或回绝他人时所生发出的无意识的后退。通过分析，有一个情况会变得更加清晰——患者无意识地把自己的情感蓝图描绘了出来，虽然离普通的爱还相隔很远，可是也会让他发生这样一种变化：当初觉得自己一无是处的人开始意识到自己也想要吸引他人，而且他也有这样的能力。可是，当他的主动表白确实感染到对方以后，他又会瞧不起对方，生气地远离。

　　和这种变化一同展现出来的性格特点都有很大的欺瞒性，甚至想要做出精准的评价都很难。他给人的印象很像顺从型人格，可是我们明白，广义上的施虐狂一般都是对抗型。只有倒错的施虐狂才会老早就表现出顺从。也许在幼年时期，他经历过常人难以想象的困难，必须表现出顺从的样子来自我保护，把自己的真实情感包裹起来。面对打压他的人时，他不会选择奋起抗击，而是反过去爱他。随着他的长大，这种矛盾会越来越强，直到有一天，他再也受不了了——这种情况在青春期前后比较常见。他会选择回到孤独中自我安慰。这个远离世俗的避风港不能给他一辈子的保护，因为失败给他带来的挫折感又会让他无法再和孤独同行。于是他再次回到老路上，像一开始那样，寻找依靠。可是，这种"倒退"并不是和当初一模一样，他强烈地想要得到他人的欣赏，甚至愿意付出任何代价来远离孤独的状态。可同时，他依然想要躲到孤独的壳里，这个需求和他想要和他人亲近的愿望产生冲突，使得他越来越少得到他人的关心。这场内部斗争让他筋疲力尽，甚至开始绝望，进而想要虐待他人。可他又必须把这种冲动压制住，因为他依然渴望他人的关心，他用严格的自控力将自己的施虐冲动掩藏得非常好。

　　他也许没有发现，他处在这种左右为难的境况下，会很难和他人相处。他羞涩、拘束、做作。他必须时刻表现出一副和自己的施虐冲动背道而驰的形象，而他自己相信这就是他的本来面目，觉得自己真心喜欢靠近他人。在分析过程中，当他知道自己对他人的感情和他自己的想象完全不同时，抑或当他知道他对别人没有感情时，他肯定会吃惊不小。接下来，他会试着不再伪装出一副对别人有感情的假象，而且本能地开始关注自己永远会和真感情绝缘的境地。

他的这一方式，事实上是他在无意识地逃避自己身上的施虐倾向，所以宁愿对它视而不见。可是，假如他想拥有自己的真感情，他就一定得关注到他的这些倾向，而且努力去把它们克服掉。

可是，经过严格训练的观察者会发现，这种状态下的某些因素代表着存在施虐倾向。例如，虽然他采取的是极其隐蔽的方式，可是从他的一些惯常性举动中，依然可以看到里面隐藏着利用、恐吓和打压他人的动机。或者，他时常无意地蔑视他人，这种态度极其显著，他将这种蔑视合理化为看不惯卑鄙的人。他时常会做一些相互冲突的事情，这也表明他身上存在施虐倾向。例如，患者有时感觉很敏锐，当别人做出了某种行为时，他会觉得那是对他的利用、鄙视或掌控，而有时，当别人确实在虐待他时，他却能够忍受。最后一个证据是，他老是觉得别人在伤害他，看上去就像乐在其中一样，也就是说，他给人的感觉像个"受虐狂"一样。事实上，我们最好不要用"受虐狂"这个词，因为这一专有名词和它所涵盖的概念极易让人误会。我们更应该把和该证据有关的因素都阐述清楚。患者压抑自我，不对自己予以肯定，不管在什么场合，他都愿意被别人伤害。可是同时，他又会被别人的肆虐行为所吸引，觉得自己是个胆小鬼，并因此觉得痛苦。对于公开施虐者，他既佩服，又憎恨。而他也会吸引施虐者，因为施虐者总是不由自主地觉得自己才是那个受到伤害的人。他就是这样让自己置身于被利用、被打压、被鄙视的位置上。他并不是真心享受被虐待，所以他很难过。他从这种生活模式得到的好处是：别人施虐于他，让他觉得自己的施虐冲动有了满足的机会，而且还不需要发现自己的施虐冲动。通过这种方式，他不再陷在危险的冲突中，认为自己是个可怜的受害者，而且有权力对施虐行为提出批评。可是，在他的内心深处，默默期待终有一天，虐待他的人会被他踩在脚底。

　　弗洛伊德同样发现了我所描述的这种情况，可是他为了把这些现象都归入到他的整个哲学体系中，在证据不足的情况下，归纳了它们，之后把它们视为值得信服的证据推广开去。这样一来，他反倒降低了该观点的可信度。他觉得这些现象可以用来证明人天生就拥有破坏欲，这是人与生俱来的本能，不管他看上去多么杰出。可我觉得，这种情况只是由特定神经症发展而来。

　　我们现在对本书一开始所探讨过的某些观点进行回顾。

那些观点，施虐狂有时被定义为性欲倒错者，有时被定义为卑鄙而残忍的人，虽然用的也是专有名词。和这些观点相比，我们现在所得出来的结论已经进步了不少。性欲倒错这种症状极为少见，就算施虐狂患者身上出现了这种症状，也只是他对别人的一种态度。虽然施虐者有破坏倾向，这一点毫无疑问，可是当我们把它们的意思弄清楚了就会知道，事实上，这些表面上没有人性的行为，只是一个背负着巨大痛苦的人用来隐匿自己的屏障。这种观点的价值就在，它让我们看到，在分析的帮助下，这个人的希望受到了影响。我们已经清楚，他是一个遭受了生活重重打压的人，所以在绝望中挣扎的同时，又在尽力寻找安慰。

结论

神经症冲突的解决

当我们越来越了解神经症冲突对人格的破坏，就越想知道这些冲突要如何化解。可是我们都清楚，想要把这个问题解决掉，无论是通过躲避、靠意志力，还是审慎的决定，都是无法实现的。那么我们还有什么办法呢？仅有的一个办法就是：着眼于人格中出现这些冲突的因素，这是釜底抽薪之策。

这个方法比较激进，在执行过程中肯定会波折不断。我们之所以一直都想要找到近道，就是因为改变自己太困难了。患者或者其他人时常会问这样一个问题，是不是认识到了自己的基本冲突，就可以摆脱眼前的困境了？我会清晰地给出答案：仅仅只是这样，还差得远。

即便一开始，分析师就发现了患者的精神分裂状态，而且也让患者发现了自己的这种分裂，仍然不能马上把上述想法付诸实施。但让患者的病情有所缓和还是可以的，患者之前的状态就好像被困在一盘棋中，根本不知道自己是什么样的，而现在至少知道自己为什么烦恼了。可是这种收获只限于分析中，患者的日常生活还是没有发生变化。虽然他已经可以发现他内心的各种冲突了，可是他的精神分裂状态还没有彻底得到解决。这就如同他从别人那里打听到了一个真实可是自己又不了解的信息一样，尽管他明白分析师说得没错，可是他不知道，这一事实于他而言代表着什么，似乎跟他全然无关一样。这是因为患者无意识地把旧我禁锢住了，让他发现的这些情况的最大价值已经流失了。他会无意识地笃定：他之所以过得不幸福，都是因为外界环境导致的，要不然他就会过上无比幸福的生活。因为爱情和事业的双丰收，他的所有痛苦都会跟着消失。虽然他也许存在一些冲突，可是并不像分析师说的那么严重。只要他尽可能地杜绝和他人的联系，冲突就没有发生的可能。平凡的人当然不具备同时遵守两个相悖的原则的能力，可是他不是，他通过自己的智慧和意志力完全可以做到这一点。此外，他可能还有其他想法，例如他觉得自己善良过度了，以至于分析师都觉得他是笨蛋，对他的问题无限夸大，恐吓他，将原本就不存在的病"治好"，以此来为自己博得名声。再例如，他觉得分析医生一无所知，他的病无药可医，是绝症。这种情况下，不管分析师提出什么建议，他都会满腹绝望地给出答复。

患者无意识地把自我封闭住确凿地把这两种状况反映出来了：他不想把原有的解决冲突的方法放弃，这些方法比冲突本身可靠得多；他已经对自己的病不抱希望了，觉得是治不好的。这就代表着，分析师必须先认识到，患者是采取什么方式来应对他自身的冲突的，以及取得了什么成效，这样才能对患者的基本冲突采取有效的应对方式。

弗洛伊德对于遗传的影响力过分看重了，这也是一种抄近道的方法。有这样一个很重要的问题：是不是对患者的冲突倾向有所认识，而且刨根问底，把它们和患者童年时期的表现相结合，就可以把问题解决掉呢？答案依然是，还差得远。原因就是上面所说的。即便患者事无巨细地回忆了他的童年经历，对于他的冲突的解决也是没有任何帮助的，顶多只是让他对自己更好一些，对自己更包容一些。

可是，患者一开始的冲突确实可以追溯到童年时期他和别人，以及他和自己的关系的改变。因此，虽然对早期影响，以及这种影响所改变的儿童人格有全面的认知，依然不会直接帮助到临床分析，却有助于我们研究神经症冲突的形成条件①。有关冲突的形成过程，我在本书前面的几个章节里进行了描绘，在其他已经出版的书里也介绍过。总的来说，情况如下：患者童年时期也许处于一种极度不安、没有信心、没有自由，甚至没有自发性的环境中，他明显察觉到自己的精神核心受到了挑战，所以进入孤立无援的不安状态，接下来，他跟别人的交往形式，是建立在强烈的需要和对利害关系的判断的基础上，而不是来源于他人的真实意愿和真实情感。不管他愿不愿意，喜不喜欢，相不相信，都不是代表的他的真实意愿，他需要一直保持高度的戒备状态，而且在应对别人时，他使用的是对自己伤害最小的方式。这

---

① 在这方面还有一定的预防意义。如果我们可以了解哪些环境因素有利于儿童的发展，哪些环境因素不利于儿童的发展，就相当于可以有效地预防子女患上神经症。——原注

种生活方式的核心,我们可以归纳为:拥有普遍的自豪感;被绝望所包围;他用不安而仇视的姿态对待他人——一开始是谨慎,到后来发展成为刻骨的仇恨;远离他人,远离自我。

假如神经症患者一直保持着这些状态,就不可能消除冲突倾向。而且他的神经症还会愈演愈烈,他们的内心需求也会更加旺盛。他和他人的关系、他和自己的关系,还会在这种虚伪的解决方法的影响下变得更加冲突,想要真正化解这种冲突就难上加难了。

所以,分析治疗的第一要务就是改变这些状态。我们一定要帮助患者把自我找回来,让他发现自己的真实意愿和情感,并且以此建立自己的价值观,把他和他人的关系匡扶起来。虽然做到这一点有很大的难度,可是假如我们创造了这一奇迹,他的冲突就会被化解掉。奇迹不可能自己掉下来,我们只有按照可以达到它的步骤一条条去实施,才有可能看到期望中的改变。

不管哪种神经症,从本质上来说,都是一种性格障碍,不管它的表现有多么离奇。心理分析的任务就是分析产生这些神经症的整体性格结构。我们越是了解性格结构甚至个性的不同，就越能准确地设置具体的操作步骤。既然神经症被我们当作患者打造的防御壁垒，是想要应对他的基本冲突，那么，我们就可以大体上把分析工作分为两步。

第一步，具体分析患者为了化解冲突所做的无意识的努力，还有这些努力如何影响到了他的整个人格。在实施这一步骤时，我们不需要顾及他的这些努力和隐藏的基本冲突之间有什么关联，只需要对他的主要倾向、完美化形象和外化作用给他带来的影响进行研究就够了。也许有人会质疑，不将冲突本身考虑进去，根本谈不上对他所做的这些努力进行理解，更不用说进行有针对性的分析了。——我想说，这种想法是不对的。尽管患者所做的这些努力是为了化解冲突，可是这些努力本身各自都有规律、价值和影响力。

第二步才是对冲突本身进行处理。这一步不仅要帮助患者了解冲突大体上的情况，还要让他们知道冲突给他们带来了什么影响，还有这些影响是如何带来的。也就是说，分析师不仅要让患者认识到这些彼此矛盾的倾向是什么样的，还要让他们原谅冲突所带来的后果，也就是在实例中两种矛盾的态度是如何互相影响的。打个比方，有一位顺从倾向比较明显的患者，但同时，他还有倒错的施虐倾向，而这一倾向又对他的顺从倾向进行了强化。当出现这种局面时,他就应该发现,他之所以比赛失败,不能在工作中表现优秀,都是因为他对顺从的需要给他带来了很大的影响。他还应该意识到,他如此迫切想要赢,就是因为他被打败他人的欲望所驱使。他还应该清楚,不管有多少理由要求他对自己过度自控,他的这种自控都是和他的同情和对爱的需求相互冲突的。我们一定要让他知道,他的这些努力是怎样在两个极端间徘徊的,他是怎么有时对自己太过放纵,有时又对自己太过于自控的。他是怎样在施虐倾向本身的作用下,强化了对施虐倾向外化的需要。他对外化倾向的需要,是怎样冲突于他想要拥有同情的需要。他是怎么刚刚还埋怨别人,马上又原谅了他们的。他是怎么在不应该拥有任何权力和应该拥有所有权力之间举棋不定的。

此外,分析医生还应该向患者清楚解释,他试图做到的退让是无法实现的。这也属于分析工作的第二步的任务。例如,分析师应该清晰地指出,患者想要让自私和大方完美合并到一起是枉费心机的,还有其他的企图也是如此,像爱的奴役、奉献和掌控等。通过分析,患者还会认识到,他的理想化形象和他的外化行为,只是掩饰住了未化解的冲突,只是暂时把冲突带给他的伤害遏制住了。总的来说，分析的目的，就是让患者清楚他的神经症是怎么由他的冲突引起的，还有未化解的冲突对他的整个人格产生什么影响。

　　临床经验告诉我们，为了阻挠分析工作的开展，患者会做出各种防御的姿态，分析工作会遇到各种挫折。对于患者来说，他为了把自身冲突化解掉所进行的各种努力，包括他的态度和各种倾向，从主观上来说都是意义非凡的，而当分析师想要打破他的这些努力时，患者一定会随机应对，设置重重关卡，所以，他也不会把他真正的感悟表达出来。当分析师分析他的冲突时，他整个身心都在证明自己的冲突不是冲突，所以想让他意识到他的某些特定倾向其实是互相矛盾的，也是一件难度很大的事。

　　分析工作要遵照什么样的顺序来进行，弗洛伊德所提出的意见具有不错的指导价值。他在心理学分析中运用了医学分析领域的一项高效原则。该原则的重点在于说明，在帮助患者解决问题时，下面两点至关重要：分析师无论做出什么解释，都应该有益于患者，而且无害于患者。也就是说，分析师在开展分析工作时，一定要时刻给自己敲响警钟，要注意这样两点：现在让患者明白真相，他受得了吗？我的解释对他是否有好处，能不能帮助他进行建设性的思考？对于患者的承受限度如何判断，直到现在依然没有一个准确的标准，而对于怎么帮助他们进行建设性的思考，也没有得到确切的结论。向患者进行解释，选择什么时机是最合适的，因为患者有很大的性格差异，我们仍然没有可靠的依据标准。我们所具备的只有一项最根本的指导原则：只有当患者的态度发生了比较大的转变以后，我们才可以安心就他的某些问题和他展开讨论。在这个前提条件下，我们可以试着用一些更常见的方式。

分析师如果只是把他的核心冲突指出来，是没有太大意义的，因为患者依然全力保护着他的那些假的治病良方。他第一步要感受到，自己的那些追求不仅对他没有好处，而且还给他的生活带来了不好的影响。所以，对患者为了化解冲突所采取的那些方案进行分析，才是分析师分析的主要内容，而不是冲突本身。分析师应该用最简洁的语言让患者意识到这一点。这里一定要强调一下，我并不是说在患者面前，分析师尽可能不要讨论冲突。分析师在分析过程中运用哪种分析方法，取决于患者神经症结构的脆弱程度。某些患者早早发现自己的冲突，只会觉得害怕。还有一些患者，分析师太早把冲突的真相告诉他们,是无益于他们的,因此也没有必要。我们不能期望患者还在坚守防御时就会对他的冲突产生兴趣,这个逻辑非常简单,更何况他还在无意识地把它们当作依靠。

我们在对他的理想化形象进行处理时,也要非常小心。因为篇幅的原因,对于理想化形象会在什么情况下出现,我们不能细致地讨论,可是必须要小心对待它,因为理想化形象往往是患者感受到的仅有的一个真实的东西。此外,理想化形象也许还是患者得到自尊的仅有的一个因素,而他在这一形象的帮助下,才没有沉浸在自卑中。在打破患者的理想化形象以前,一定要让他先得到相应的现实性力量,要不然因此所带来的打击是他无法承受的。

如果在分析过程一开始,就试着对施虐倾向进行修正,是毫无意义的。首先,施虐倾向和患者的理想化形象之间有着很大的差距,两者有显著的差别。甚至在分析过程的后半段,当患者发现自己的施虐倾向时,依然会觉得害怕和讨厌。当患者的绝望被改善了一部分时,我们才能开始这一步的分析。这是因为,患者无意识地觉得他只能在这种替代性的生活中生活时,他是不可能平心静气地来和分析师一起对自己的施虐倾向进行研究的。

　　分析师在上述原则的指导下，可以从患者的特定性格结构出发，给他做出合理的解释。患者觉得情感代表着懦弱，于是格外关注那些可以显示出力量的因素。当他想要表达自己的攻击倾向时，分析师应该先对他的这种想法和这种想法会带来的后果进行分析。即便患者表现出了极为显著的想要和他人亲近的欲望，分析师都不应该急于探讨这方面，至少现在时机未成熟。患者会觉得自己的情感不再安全，而对分析师的这种举动无比排斥，他会尽全力不让分析师把他变成"老好人"。当他确实变强大时，他才能够承受住当他自己发现自己的顺从倾向和自卑倾向时产生的压力。在对这种患者进行治疗时，分析医生需要耐心等待，才能谨慎地不提及他的绝望问题。对他而言，绝望代表着顾影自怜，而这是他最瞧不起的东西。此外，承认绝望就相当于承认自己没有成功，所以很显然，他不会承认自己身上带有绝望。相反，如果患者占有支配地位的倾向是顺从倾向，分析师就应该先分析他"靠近他人"的表现，之后再去探讨他的主导倾向和报复倾向。再说一种情况，如果分析师遇到的是一个自称是理想化情人或自诩是最睿智的天才的患者，那么，就不要先对他的自卑进行分析，因为肯定会受到挫折，即便只是分析他恐惧被鄙视和恐惧被拒绝，也是徒劳的。

在某些情况下，患者一味地对自己的理想化形象进行维护，而且有很严重的外化情况，当二者相结合时，患者就会对自己的瑕疵零容忍。出现这些情况时，分析初期可以分析的问题就非常少。如果分析师发现了这一情况，就应该尽可能不要做出任何像"问题的源头在于患者自身"这样的提醒，即便只是最间接的暗示也不要做，要不然就会白白浪费时间和精力。这并不是说在这一阶段，分析师就无所作为了，他可以选择性对理想化形象的某些方面进行处理，像患者对自己的要求太高了等。

假如分析师想要更准确、更快速地对患者和别人交往时的实际态度有所了解，就应该对神经症性格结构的动力学原理比较了解，有了这样的自豪感，他才知道选择什么样的时机，首先切入哪个问题。当一位内科医生发现病人有盗汗、哮喘、午后备感疲惫等症状后，先要判断患者是不是得了肺结核。同理，分析师对诊断依据了然于心以后，就可以从最难以觉察到的症状中推断出或者发现患者的整个人格结构图，好全力去除病灶。

举例来说，某位患者在和他人发生往来时，表现得太谦卑了，甚至是完全没有自己的观点，只是迎合别人，而在分析时，也表现得非常佩服分析师，这时分析师就需要对他的这些表现进行分析，看看是不是他的真实倾向，而且从这些表现出发，判断患者是不是在向他人靠拢。假如分析师找到了很多这方面的线索，他就可以试着以那些更有可能的方面为依据，对患者进行归类了。再例如，假如患者一再陈述他觉得羞辱的经历，而且担心分析师也会以相同的态度对待他，分析师就应该马上想到，他第一步要做的，就是帮助患者减轻对羞辱的恐惧。分析师可以分析此刻患者最明显的恐惧，对患者解释恐惧的根源。例如，假如这时候患者已经意识到自己的理想化形象了，分析师就可以把患者的恐惧和他理想化形象的庇护结合到一起。再例如，假如患者在接受分析时表现得无动于衷，而且坚持"宿命观"，分析师就应该明白，他必须尽可能帮助患者摆脱绝望。可是假如在分析一开始，分析师就不能急匆匆地提及患者的绝望，他最多可以对患者说，他正在让自己越来越糟糕。等时机成熟了，分析师才可能详细对患者解释，他应该对自己的绝望抱以充分的理解，而且它是一个绕不开的终极问题，他的绝望并不是从事实的无望状态来的。假如在分析后期发现了患者的绝望，分析师就应该联系到相应的原因，例如他因为无法达到理想化形象的条件而陷入绝望，抑或因为找不到解决冲突的办法而陷入绝望。

上面所提出的这些方法，让分析师工作起来游刃有余，分析师可以以它们为参考，把自己的专业直觉发挥出来，去感受患者真实的内心图像是什么样的。直觉是分析师最重要的也是最宝贵的一样工具，分析师可以将它的作用发挥到极致。从专业直觉出发，对患者进行归类，并不意味着分析工作是一门"艺术"，也不意味着仅凭常识就够了。分析师应该采用更科学的办法，更准确地进行治疗，而这些自然有一个非常关键性的前提，那就是对患者的神经症结构有所了解。

不同的患者具有不同的神经症性格结构，分析师难免会出现错误，因为他们也是在黑暗中慢慢探索。可是这里所说的错误，并不是指那些原则性的重大错误，像患者并不具备那种动机，可分析师声称他就是有。再例如，有意说一些患者无法认可的解释，而不是在对神经症的根本驱力有所了解以后才做出的解释。我们可以把那些重大的原则性错误规避掉，可是却无法规避一个错误，那就是解释太早。我们想要第一时间发现自己的错误，第一时间对分析方案进行调整，就需要我们先对患者的反应进行仔细观察，才能进行解释。我觉得，现在的情况是，我的同行们都把目光过多地聚焦在对于某种解释，患者会给出什么样的反应，是接受还是拒绝，也就是说，他们过多地关注患者的拒绝，而没有去思考患者为什么会出现这种反应。对于分析工作来说，这是莫大的悲哀。当分析师把患者身上的某个问题指出来时，分析者依据什么来对患者的这一问题进行解答。答案是对患者的反应进行观察，弄清楚这种反应背后隐藏着什么。我们可以用具体的案例来对这种情况进行说明。

某位患者意识到，当自己和他人交往时，无论对方提出什么要求，即便是最合理的要求，他都会很生气，觉得自己受到了对方的强迫，可是他却觉得自己可以对对方随意提要求。假如有人指责他，即便这个指责非常合乎情理，他也觉得对方是有意让他难堪，可是他指责对方时，却往往不会给对方留面子。这代表着他让自己拥有了太多的特权，而对方却连最基本的权利都没有。他逐渐意识到，对于友情和爱情来说，这种态度都是致命的，就像一个隐藏在暗处的杀手，所以在接受分析师的治疗时，他会非常积极地配合。可是，当他意识到这种态度所带来的后果时，他隐约有点抑郁和焦灼，而且也不发表观点。在日常生活中，在和人打交道时，他也会有这种逃避倾向，和他当初一心想要得到某个女生的喜欢形成强烈的反差。他在思想上认可应该和他人和谐共处，可是在现实生活中却没有做到这一点，而让他没办法和他人和谐共处的，就是他的这种逃避倾向。他所表现出来的抑郁，事实上是因为发现自己正处于无法融合的两难处境，在找寻解决方式时，逃避也是一种正常反应。可是逃避并无益于问题的解决，当他发现这一点，而且清楚地知道自己只有改变态度，才会解决问题时，他开始思考，为什么在和他人打交道时他无法和他人和谐共处。接下来，通过和他人的相处，他发现，在他的情感思维中只有这样两种情况的存在：不是把所有权力都揽在自己身上，就是所有权力都在对方手上。他不否认，他担心如果被他人掌控了权力，那么自己就必须听命于他人，就不能随自己的心意做事了。假如出现这种情况，就极易诱发他的顺从倾向和自卑倾向。分析师之前就发现了这些倾向，可是并没有意识到它们的程度有多么强烈，以及代表着什么。患者的这种顺从倾向和依附倾向要归咎于多个方面，他为了自我保护，于是赋予了自己很多特权。对于患者来说，这种防御方案不可或缺，导致让他放弃顺从倾向，就相当于让他丢掉整个人格，这时他最急切的内在需求就是顺从。分析师必须先分析他的顺从倾向，之后才可以思考把他的专权态度消除。

假如要把某个问题完全解决，仅仅用一种方法是难以奏效的，在本书的所有章节里，这一点都说得很清楚。我们必须从多个角度思考问题，因为患者的每种态度，也许都有多种原因，而这些原因，还有分别带来的影响力都会推动神经症的发展。例如，一开始只想和平共处，容忍一切，演变到后来也许就发展成为病态需求情感了。因此要先把上面的两种态度解决掉，才能对他的这一需求进行处理。

我们必须先分析患者的这两种态度，才能对他的理想化形象进行分析。站在一个崭新的角度看问题，也许就会看到，患者觉得和他人和平共处是一种圣人才会拥有的品德。而起初在分析他的疏离倾向时，我们也许又会发现，他的这种态度还有防止和他人发生纷争的需要。之后，当我们察觉到患者过度控制自己的施虐冲动以及他害怕他人时，就可以发现他的这种隐忍态度的强迫性有多么显著。其他案例中患者对强迫的敏锐反应,也许一开始被认为是来源于患者为了得到安全感的疏离需求,之后也许会联想到是来自于患者渴望权力的反应,最后还可以联想到是来自于他内心的隐忍,或者其他倾向的外化。

在分析过程中,所有神经症态度或冲突,在理解时都要联系患者的整个人格。这就是被我们叫作深入研讨的方法。这种方法分这样几步:使患者发现他的特定倾向或冲突都有哪些外在的或隐匿的表现,帮助他了解它们的本质是带有强迫性的,让他可以意识到那种倾向或冲突所具备的主观价值,还有会带来的不良后果。

当患者发现某一种神经症的特别表现时,经常会问"它是如何产生的?"而不是正视它。他期待只要把问题产生的源头找到,就可以把问题彻底解决掉。他的这种期待也许是有意的,也有可能是无意的。分析医生必须让他回到现实,不让他逃到过去,而要让他对那种特别表现有深刻的了解,包括它的表现形式是什么样的,他是如何对待它的,还有他都用了哪些方法来把它掩饰住。例如,假如患者已经看到了自身对顺从的害怕,他必须清楚地看到在什么样的程度上,他会生气、害怕、绝望于自己的自卑。他必须意识到,为了把自己所有的顺从表现以及和它有关的那些倾向消除掉，他在生活中无意识地让自己处于压抑的状态中。正是为了实现这一目标，他才对外显现出那些看上去有着天壤之别的态度。他的状态是麻木的，不仅感受不到他人的期望、情感和反应，也没有兴趣去注意他人。他已经把自己对他人的好感都埋藏起来了，也把自己想要得到他人的青睐的欲望埋藏起来了。他不在乎别人的好感，别人提出的请求，他会不假思索地直接拒绝。在个人关系上，他觉得他有权力要求别人任何事，再严苛都是合理的，即便前后相矛盾，别人也应该按照他的要求来，而不管对方提出什么要求，他都觉得是荒谬的。抑或，假如我们关注到了患者的全能感，那么，只是让患者发现自己有这种感觉还差得太远。他必须看到，他整天都在给自己制定无法实现的艰难任务。例如，他觉得他有能力快速把一篇高深的论文写出来，他期待自己虽然很累，也可以思路敏捷，一蹴而就。在分析过程中，他只要看一眼这个问题，就觉得可以把它解决掉。

此外，患者还必须了解，他是迫不得已地被强迫着行动，被特定的倾向所限制，虽然这不是出自他本人的意愿或利益，甚至需要的态度是完全反过来的。他必须了解，不管在什么情况下，不管面对的是什么样的人，这种强迫性都会肆无忌惮地出来肆虐。例如，不管是对敌人，还是对朋友，他都会要求严苛，专挑对方的不是。假如别人对他很友善，他就会怀疑别人是不是有愧于他才这么做。假如别人坚持自己的观点，他会觉得对方就像一位独裁者。假如对方妥协，那就说明他不够勇敢。假如对方表示想做他的伴侣，他会觉得那人有点轻浮。假如对方不管是对人还是对事都持否定的态度，他就会觉得对方是个铁公鸡，等等。或者，假如讨论的是患者不确定自己是不是被大家所喜欢，别人有没有接受他，那么他就必须了解，他不相信自己的态度，即便有证据表明是不对的，他也依然不相信自己。想要了解某种倾向的强迫性，就必须了解该倾向受到打击以后，患者会有什么反应。例如，如果出现的倾向关系到患者所需求的感情，那么，患者应该看到，在有任何被拒绝或友谊削弱的现象时，他便恐惧地觉得完了，即便那种现象极不明显，即便那位友人没那么重要。

第一步是让患者看到他的问题有多么严重，第二步就是让他意识到这个问题的产生因素有多么重要。这两步都会使得他想要对自己的兴趣进行深入检查。

当我们开始对某种特殊倾向的主观价值进行研究时，患者经常会急切地主动给出提示。他也许会说，他是在无法容忍的情况下才去拒绝那些"强迫"他的东西和轻视强迫者的。假如他不这样做，对方就会把他牢牢掌控住。例如，严苛的父母就会把他的自由给剥夺了。他会说，不管是过去还是现在，高高在上的态度都有助于克服他的自卑。他的孤单离群或他的游戏人生的态度给了他很好的保护。患者这种和他人的关系来自于渴求安全，它可以对很多问题进行解释。它展示给我们看，那些态度在过去所做出的贡献，和这种态度是怎么得到支配权的，并有助于我们理解患者的发展经历。此外，它还可以帮助我们理解该倾向在现阶段在患者身上所发挥的作用，这点非常重要。从治疗的层面来看，这些作用的研究意义非常重大。无论哪一种神经症倾向或冲突，都不可能只是过去历史遗留下来的痕迹，就如同某种痼癖一样，只要形成就改不掉了。我们可以相信，所有倾向或冲突都取决于现阶段的性格结构所囊括的需求，而我们要解决的最重要的难题就是现阶段依然在产生作用的因素，而对过去产生某一神经症特别表现的原因进行了解，尽管其价值不可否认，可是并不是最主要的价值。

患者从神经症倾向那里所得到的主观价值，主要在于它可以把某些其他倾向抵消掉，所以，想要弄清楚应该如何对某一具体病例进行处理，第一步就是要对这些价值有完全的了解。例如，假如我们清楚，某位患者不想把他的全能感舍弃，是因为这样做可以让他以为潜在的可能性就是事实，灿烂明天就是已经获得的成绩，那么，我们就清楚了，我们的第一要务就是研究当他在自己的想象中生活时，他究竟处于何种程度上。假如我们发现他之所以这样做，是为了避免失败，我们当然会观察到，到底是什么因素才让他有这种失败的预感，而且让他一直担心发生失败。

分析治疗中最关键性的一步，就是让患者清楚，他觉得有意义的东西事实上坏处比好处多。也就是说，他的神经症倾向和冲突只会让他更无力。事实上这种启发性的工作，在前面的步骤里，我们已经完成了一部分。可是，让患者详细而完整看清楚他的病症才是核心所在，因为只有这时，患者才会真正意识到自己要改变。可是，不管是哪种神经症，患者都强制性想要保持现状。因此，想让改变奏效，我们需要一种够大的刺激，足以和这一阻力相抗衡，并打倒它。可是这种刺激只有当患者渴望内心自由、幸福和进步时才能给予。他想要了解，正是因为他的种种神经症表现，才对这些渴望的实现造成了阻碍。假如他有自我贬低的倾向，他就一定要看到，他的自尊心被这一倾向抹杀了，甚至觉得绝望。它让他觉得自己被他人拒绝，而强制性地容忍他人虐待自己，而且又使他产生了报复欲望。它使他的热诚和工作能力都出现了障碍，为了不让自己讨厌自己，他被迫展现出了一系列像狂妄、自我疏离的防御性态度，而他的神经症也由此严重多了。

如果在分析过程中，患者表现出某一种极为明显的冲突时，分析医生就必须帮助他意识到它给他的生活带来了什么影响。例如，患者所表现出的冲突是自我鄙视倾向和对成功的欲求之间的冲突，分析师就应该明白，这是施虐倾向的倒错一直都存在的极度抑郁的后果。患者一定要看到，他只要表现出谦卑，就会觉得自己很卑劣，而且忌恨他讨好的人；另一方面，他只要打击了别人，他就会觉得自己处于危险中，而且担心别人会对他实施报复。

有时会出现这样的情况：即便患者已经发现了各种神经症态度所带来的危险后果，可是他依然没有主动去克服这些态度的表现。他的问题好像被忘记了、消失了。他不是去正面解决自己的问题,而是以某种灵活的方式把它放到一边,如此一来,他的病情就还是老样子。实际上,他的这种逃避态度,不止别人发现了,他自己也发现了,而且他也很清楚这种态度的危害性。可是,假如分析师敏锐地察觉到这种不够积极的反应,就极易把患者的这种逃避态度给忽略了。患者会把话题引开,把分析师带到其他的话题上,之后再陷入另一个相似的死胡同。分析师也许要过很久才会发现,他做了大量的工作,可是对于患者的进步却是无益的。

假如分析师发现患者有时会产生这种反应,他就应该开始思考:既然患者的这种态度已经给他带来了那么多危害,为什么他还是不想改变呢?他受到了什么因素的阻挠?一般这是由很多因素造成的,分析师只能各个击破,一步步来解决。患者也许还处在绝望中难以自拔,觉得自己不可能改变了。他想打败分析师,让他颜面无存,这种欲望甚至比他对自己的兴趣还要高。他依然带有明显的外化倾向,因此就算他了解到了这些危害,却不认为要归咎于自己。他的全能感仍然非常强烈,因此,尽管很清楚这种态度一直持续下去,会给自己带来很大的危害,但他依然觉得自己可以避免这种危害。他的理想化形象依然没有放过他,让他不能接受自己有神经症态度或冲突。他觉得，只要自己发现了问题，就可以很容易将之化解。当他发现事情并不像他想象的那样时，他就会对自己很生气。分析师必须对这些可能性的因素有所了解，因为有些因素阻碍了患者想要改变的欲望。假如分析师对这些因素不看重，那他就和休斯顿·彼得森所说的"心理学痴迷者"一样了。我们不能用心理学限制了自己，而忘了真正的目的是什么。当患者出现这种反应时，分析师帮助他接纳自我，会对治疗很有帮助。即便冲突依然存在，也可以让患者长出一口气，这时候患者才会生发出想要彻底远离像绳索一样捆绑着自己的冲突的欲望。这种局面会非常有利于接下来的分析工作，还可以让我们看到神经症患者蜕变成蝶的希望。

以上内容并不是一篇有关技术分析的论文。对于分析过程中会让问题激化的因素，还有有利于治疗的因素，我并不期望通过这短短篇幅就可以全部讲完。患者把其防御性和攻击性带到和分析师的关系中，会给分析带来的好处或坏处分别是什么，当然值得分析，可是我不准备在这里进行详细论述。我所说的步骤，所包括的基本过程都是所有新倾向或新冲突一定会经历的，可是因为即便分析师发现了患者有这种问题，而患者本人并没有察觉到，因此在现实操作中，我们不可能根据已有的分析顺序一步步来。我们前面所举的那个例子中，也就是那位自觉自己有权力的患者，我们在对他进行分析时发现，一个问题还正在分析中，马上又出现了另一个问题，而后一个问题才是我们分析的第一步。事实上，顺序的重要性可以忽略，重点在于最后每个步骤都完成了。

患者的问题五花八门，因此在分析过程中也会出现各种各样的新症状。患者发现自己正在生气，而且认识到是因为什么生气时，他也许会冷静下来，不再那么恐慌。当他发现自己面对的是什么问题时，他的抑郁症也许会好转。无论有没有帮助患者把特定问题解决掉，只要做好了分析工作，都会有助于患者往好的方向改变对他人和自己的态度。假如我们要同时把好几个问题解决掉，就会发现，它们是多么类似地影响到了患者的人格，像觉得自己应该得到自己梦寐以求的、反复强调性欲、对主导非常敏锐等。不管我们分析这些问题中的哪一个，都会减轻患者的恐惧、绝望、敌视、疏离他人的症状、疏离自己的症状。我们可以举几个病例，思索一下患者是如何减轻自我疏离倾向的。一位反复强调性欲的患者，只有在性体验和性幻想的帮助下，才能取得存在感，他觉得自己仅有的一个可以依赖的长处就是性吸引力，他自我察觉到的成功和失败，都被限制在性的领域内。想让患者感兴趣于生活的其他方面，第一步就是要让他发现他现在所处的状况，要不然他不可能找到自我。有一位自诩自己非常优秀的人，他所了解到的"现实"，事实上都是他的想象，他看不到自己的实际能力，也看不到自己做不到的地方。分析师要帮助他发现，他把自己潜在的能力视为已经获得的成绩，当他放弃这样做时，就可以感受到自己的真正情感，也可以接纳本真的自己。另一位患者过分敏感与强迫，他一直觉得自己被他人所主导和强迫，甚至忘记了自己的意愿和信念。通过分析，他慢慢清楚自己到底想要追求什么，而且把所有精力都投注到真正的追求上。

不管被抑制住的敌视情绪来自于哪里，是通过什么形式表现出来的，通过分析，它们会一一显现出来，患者好像开始变得焦躁，可是因为清除了某一种神经症态度以后，他的这些敌视情绪都会好转。这是因为，当患者可以直视自己的问题，而且深知自己可以摆脱它们的伤害时，他就会发现自己的怒火、依赖和严苛越来越少，其敌视情绪也会好转。

敌视情绪之所以好转，最重要的原因就是绝望的减轻。

只要内心力量足够强，就不会老感觉别人会威胁到自己。一个人的内心力量越来越强，可以归咎于多个因素。例如，之前，他的精力总是放在别人身上，而现在他把精力放在自己身上，于是他变得乐观、主动，而且开始形成自己的价值观。之前用来压抑自己的心力现在可以派上用场了，之前自卑、害怕、绝望和压抑像几座大山一样压得他快要窒息，而如今这些负面因素对他产生的影响力日趋下降，所以他可以释放出的潜能也越来越多。之前他一味顺从、一味对他人抱有敌意，或无所顾忌地发泄施虐冲动，而现在理智的容忍让他愈发坚强。

当患者的盔甲被剥离时，他肯定会觉得焦灼，可是这只是短时间的，因为接下来的分析可以缓解他的恐惧，所以这种新出现的焦灼早晚会被清除掉。

所有这些变化，都会反映到患者和自己以及他人的关系上。患者不会再觉得自己孤立无援，也不再冲动地抵抗、主导和回避他人，他会具有更强大的内心，不会再认为别人会对他造成威胁，而认为自己可以和他们和谐共处。随着外化的减少，他的自卑感也会有所缓解。于是，他和自己相处得越来越好。

我们在分析过程中发现的这些变化,说明上面这些因素也是早期冲突爆发的原因。那些具有强迫性的倾向,在神经症的形成过程中会逐渐上升,而在分析治疗的过程中则会逐渐下降。患者发现,如果持续保持之前应对孤独、害怕、绝望、敌视的态度,对自己是没有好处的,所以他会试着转变自己的态度。这是很明显的,假如一个人自信可以和那些仇视他、他不讨厌的人处于同一层次时,他当然不愿意压抑自己或舍弃自己的权益。假如一个人有足够大的内心力量,安全感十足,哪怕和别人在一起工作或生活也不用担心自己无法施展自己的才华,他就对权力和名声没有要求了。假如一个人会爱,相信在面对竞争时,自己有能力应对,那他当然也不会离别人远远的。

当然,这些任务不是一朝一夕就可以完成的。患者越是陷入冲突中,越难以解决困难。人们想要找到分析疗法的近道,以便可以节省时间和精力,这点我表示理解。我们希望分析工作可以给更多的人提供帮助,让他们摆脱困境,即便只起到了一点作用都是有价值的。可是,有轻度神经症患者,也有重度神经症患者,在进行分析治疗时当然也分轻重缓急,轻度神经症患者恢复起来需要的时间肯定相对短一些，而要想缩短对重度神经症患者的治疗时间，就必须对神经症性格结构有深入的了解，这样才能在寻找解释这一环节中多节约一点时间。尽管一些短期精神疗法受到大众的青睐，可是我却并不看好。这些短期疗法基本上都不够理性，对于神经症中起到作用的那些力量到底有多大，运用它们的人都不太了解。

可幸运的是，对内心冲突的化解并不是只有分析治疗这一种方法。生活本身就是最好的"分析师"，不管是谁，借助丰富的生活经历，都可以对自己的人格进行完善。例如，把某位伟人当作自己的楷模，和有着共同志趣的人交往，这样就可以让患者觉得不需要主导或逃离对方。再例如，神经症患者经历了一次恶劣事件后，他有机会和他人亲近，这样的机会让患者摆脱了自我疏离的状态。假如神经症患者可以对自己的神经症行为所带来的恶劣后果进行反思，或者对它们反复出现的原因进行思考，他的恐惧心理就没有那么严重了。

可惜的是，生活这位"分析师"是没有情感的，不会顾及我们的主观意志，不会专门给某人设置一种困境、一次宗教体会或一份友谊来对他的特殊需求进行满足。生活中的某次事件，也许一方面给神经症患者提供了帮助，另一方面也对另一位患者造成了伤害。更可惜的是，神经症患者很难对自己的行为所带来的后果进行反思，更不用说从中接受教训了。如果患者可以从自己的亲身体验中吸取教训，可以认识到自己的行为所带来的后果，自己应该承担什么样的责任，并在生活中使用这些体会，我们的分析治疗任务也可以停止了。

我觉得，我们应该再次界定一下"分析疗法有哪些目标"这个问题了。对于冲突在神经症中所起到的作用，我们已经了然于心了，而且，我们还知道，它们并不是无法清除的。这些目标用医学专有名词是界定不了的，虽然医学领域正在研究治疗很多神经症方面的疾病，可是，某些身体和心理上的疾病，事实上是对人格上的冲突进行反映，因此我觉得对分析疗法的目标进行界定，在人格范畴内最好。

如此一来，我们的分析治疗工作的任务就又多了一些。我们要给患者信心，让他乐观地面对生活，培养他自己对自己负责和决策的能力，让他敢于承担后果，敢于承担责任。此外，还要给他信心，让他愿意为了他人而履行自己的义务和责任，帮助他了解这些义务有什么意义。像对自己的父母、子女、朋友、同事、下属的义务，对小到社区大到国家的义务。

另一个治疗目标和上一目标息息相关，那就是患者拥有独立的内心。这代表着他不仅不会一味顺从，也不会鄙视他人的思想和理念。还代表着患者要树立自己的价值观，而且在实践中加以运用。也代表着和别人打交道时，要给予对方的个性和权利以足够的尊重，在人格上平等，这才是真正意义上的民主精神。

我们可以把这个目标归纳为"唤醒内在感情源泉"，也就是重新激起真实情感，重新拥有生机和活力。像喜欢、讨厌、高兴、难过、希望、恐惧等都属于这类情感。这一目标的目的是，让患者可以把自己的真实情感表达出来，也可以掌控它们。我们这里一定得对爱和亲近的能力进行重点说明，因为它们不是一般的重要。要知道，像寄生虫一样依附他人不是爱，虐待式的掌控也不是爱，爱是什么？麦克马雷说："一段关系，就意味着一种目的。我们在这段关系中紧紧依偎，这是再自然不过的事，因为人类与生俱来就想要和他人分享经历。我们在对方面前袒露自己，彼此理解和宽容，在共同的生活中分享各自的快乐，对彼此的愿望进行满足。"

用一个更全面的概念来对治疗目标进行归纳就是：完成内在的完整。意思就是：所有感情都是真实情感，放下所有的防备，一心一意地投入到工作、生活和感情中。想要离这个目标更近，第一要务就是把冲突解决掉。

我提出的这些目标都可以在现实中运用，可以有效治疗神经症，并不是因为它们和各个时代的智者的理想相符而随意提出来的。它们展现的是精神健康，因此才会相符。它们是借助神经症的病理原因科学引导出来的，因此我才会提出来。

我们有临床经验这一依据，而且笃定人格是能够变好的，因此才有勇气提出如此高的目标。所有人，只要你还活着，就有可能改变自己，甚至是完完全全地改变，这种可塑性并不是只有孩子才具备。精神分析疗法让我们拥有了一条可以完全对自己进行改变的道路。我们越是了解神经症中发挥作用的各种因素，越是有可能进行这种改变。

我们要朝这些目标努力，我们的治疗任务和生活的方向就是这些目标。不管是患者还是分析师，要想完全实现这些目标，都是任重而道远的。我们不能用一个新的理想化形象来取代一个旧的理想化形象，因此，我们必须真正理解这些理想所蕴含的意思。我们还要保持理性，不能觉得自己可以让患者变得完美。我们可以做的，只是帮助患者拥有更广阔的自由，鼓励他为自己的真实理想而努力。也就是说，在患者变得更加理智、得到更好的发展的道路上，我们只给他创造了一个可能。